本书获得河南省软科学研究计划项目"高质量发展视
效评价体系构建与实证分析"（项目编号：2224004

U0577536

高质量发展
财政支出绩效评价
体系构建与实证分析

SYSTEM CONSTRUCTION AND EMPIRICAL ANALYSIS OF FINANCIAL
EXPENDITURES PERFORMANCE EVALUATION IN THE CONTEXT OF
HIGH-QUALITY DEVELOPMENT

李 茜◎著

经济管理出版社
ECONOMY & MANAGEMENT PUBLISHING HOUSE

图书在版编目（CIP）数据

高质量发展财政支出绩效评价体系构建与实证分析/李茜著 .—北京：经济管理出版社，2023.8

ISBN 978-7-5096-9183-0

Ⅰ.①高…　Ⅱ.①李…　Ⅲ.①财政支出—经济绩效—经济评价—研究—中国 Ⅳ.①F812.45

中国国家版本馆 CIP 数据核字（2023）第 155182 号

组稿编辑：杜　菲
责任编辑：杜　菲
责任印制：许　艳
责任校对：蔡晓臻

出版发行：经济管理出版社
　　　　　（北京市海淀区北蜂窝 8 号中雅大厦 A 座 11 层　100038）
网　　址：www.E-mp.com.cn
电　　话：（010）51915602
印　　刷：唐山玺诚印务有限公司
经　　销：新华书店
开　　本：720mm×1000mm/16
印　　张：10.75
字　　数：166 千字
版　　次：2023 年 9 月第 1 版　　2023 年 9 月第 1 次印刷
书　　号：ISBN 978-7-5096-9183-0
定　　价：88.00 元

前　言

党的十九大报告明确指出"我国经济已由高速增长阶段转向高质量发展阶段"。这一重大表述标志着中国经济已由高速增长阶段转向高质量发展阶段，并为中国经济发展指明了具体方向。高质量发展以满足人民日益增长的美好生活需要为出发点，按照新发展理念以创新为动力、协调为特点、绿色为形态、开放为道路、共享为根本目的，推动经济从"有没有"转向"好不好"，是适应我国社会主要矛盾变化的客观需要，也是进一步提升我国经济发展和综合国力的重要战略方向。高质量发展涉及诸多领域，是一个多维度、多元化、全方位的概念综合，包括经济效益的提高以及政治、文化、生态和社会等诸多方面的改善和发展。从发展方式上看，高质量发展战略强调发展方式从速度、规模向质量、效益转变；从经济结构上看，高质量发展战略强调从资源密集型和劳动密集型产业向技术密集型和资本密集型产业转变，从传统的资源消耗型产业向新业态的绿色新动能转变；从资源利用效率上看，高质量发展战略强调从低循环向高循环转变。由此可见，效率变革是推动高质量发展的主线。

财政是国家治理体系中的重要制度保障，有效的财政支出是实现高质量发展的重要保障。在高质量发展中，财政支出发挥导向性作用，推动高质量发展的顺利实施。我国当前的经济社会主要矛盾已转变为"人民日益增长的美好生活需要和不平衡不充分的发展之间的矛盾"，这意味着在经济发展的新阶段，我们面临无限增长的人民的美好生活需求和有限的政府提供之间的矛盾。资源的有限性既对我国的社会治理提出了更高的要求，也对政府在实现高质量发展中资源配置的效率提出了更高的要求。因此，财政支出效率的绩效评价是高质量发展的题中应有之义。加大财政支出的高质量发展方面的投入、提高公共资金的使用效率，有利于更快更好地实现高质量发展。

本书以高质量发展为目标，从高质量发展财政支出绩效水平及有效性视角出发，采用多种分析方法，规范和实证分析相结合、定性和定量分析相结合，着重考察高质量发展视域下的财政支出绩效评价，以期为政府在新的发展阶段制定科学有效的财政支出政策提供参考。本书的研究内容如下：首先，在梳理已有研究成果及高质量发展和财政支出绩效评价相关理论的基础上，阐释了高质量发展的理论依据和财政支出绩效评价的理论、方法和原则，并从理论视角探讨了高质量发展与财政支出绩效的理论联系和互动机制。其次，从高质量发展的视域构建了符合财政支出绩效评价的指标体系，并对高质量发展财政支出绩效评价体系的实施路径和重点工作进行了探讨。再次，通过实证分析，分别从整体和区域视角实证分析了高质量发展财政支出绩效的情况。最后，在前述定性和定量、规范和实证分析基础上提出了相应的对策建议。全书的具体内容如下：

第一章是本书的导论部分。首先，介绍了选题背景和研究意义，并对研究的主题进行了翔实的文献回顾。其次，从总体上介绍了本书的主要研究思路及研究内容。最后，指出了本书可能的创新与不足之处。

第二章是本书的理论分析部分。首先，考察了高质量发展的政策背景和理论基础，并对高质量发展的内涵和特征进行了界定。其次，回顾梳理了财政支出绩效的相关背景和理论，指出了绩效评价的原则和方法。最后，分析了高质量发展与财政支出绩效评价的关联，分别从理论关联和互动机制方面进行了详细的讨论和说明。

第三章是评价体系构建。在介绍财政支出绩效评价模型的构建原理和方法基础上，探讨了如何构建适应当前高质量发展阶段下的财政支出绩效评价制度。以高质量发展的"创新、协调、绿色、开放、共享"的内涵为基础，分五个维度分析了高质量发展视域下财政支出绩效评价的优化方向，并进一步地从顶层设计的视角对我国高质量发展的财政支出绩效评价的指标体系的构建做出了初步的构想和设计。

　　第四章和第五章为本书的实证分析部分。第四章基于高质量发展的五大发展理念，构建了评价我国高质量发展财政支出效率的综合评价指标体系，并运用熵值法对 2013~2021 年我国 30 个省份的高质量发展财政支出效率进行了综合评价，是从整体视角对我国高质量发展财政支出情况的分析和判断。第五章立足河南省现实，在分析河南省促进高质量发展现实基础和面临的主要困境的基础上，构建符合河南省省情的高质量发展财政支出绩效的投入产出指标体系，以河南省地市的面板数据为基础，测算了河南省地市级高质量发展财政支出效率，并从静态及动态角度分析了河南省地市高质量发展下财政支出绩效的情况及发展趋势，最后利用 Tobit 模型分析了影响河南省高质量发展财政支出绩效的因素。

　　第六章是本书的结论、政策建议以及研究展望。在前述章节规范和实证分析、定性和定量分析的基础上提出了相应的政策建议。政策建议共有以下几个主要方面：第一，促进高质量发展理念与财政支出绩效的深度融合。加快完善高质量发展的制度环境体系，建立多元化、系统化的高质量发展政策体系。要树立高质量发展的绩效观，完善高质量发展财政支出绩效评价的顶层设计，构建体现高质量发展要求的财政支出绩效指标体系和考核评价体系。实现指标体系、政策体系以及绩效评价体系等多个体系的统筹兼顾。第二，建立推动高质量发展的财政支出绩效管理保障体系。强化财政支出绩效评价的结果应用，助力高质量发展。多元化财政支出绩效评价主体，提升支出和管理绩效。建立健全全过程的高质量发展财政支出管理链条，将高质量发展的理念深入融合预算管理的全过程。第三，加强高质量发展目标评价的绩效的理论和实践探索。重视和推动基础理论的研究和方法的创新。深化基础性关键性的财政制度改革，为高质量发展提供财政保障。完善现代经济体系，建立现代化的产业体系、构建区域之间、城乡之间均衡协调发展的制度体系、优化投资环境和营商环境、协调经济发展与共同富裕的关系，实现高质量发展。

目　录

第一章

导 论

一、选题背景和研究意义

（一）选题背景

2017 年，中国共产党第十九次全国代表大会首次提出高质量发展的新表述，这一新表述的提出标志着中国经济由高速增长阶段转向高质量发展阶段。2018 年的《政府工作报告》中，进一步强调了高质量发展目标及其要求。2020 年，党的十九届五中全会再次强调了我国在"十四五"时期的经济社会发展要以推动高质量发展为主题，转变发展方式，坚持质量第一、效益优先，切实转变发展方式，使发展成果更好更多地惠及全体人民，不断地满足人民对美好生活的向往。

高质量发展这一重要表述是在我党对我国经济发展阶段的认识不断深化的基础上提出的。党的十八大以来，我国的经济社会发展取得了历史性的重大成就。从经济总量上看，从 2012 年的 50 万亿元跃升至 2022 年的 121 万亿元，占世界经济的比重超过 18%。从人均国民生产总值来看，从

2012 年的 3.98 万元上升到 2022 年的 8.57 万元，在 11 年间增长了 2 倍。同时，实现了近 1 亿农村人口的脱贫，消除了区域性的绝对贫困。这些数据是国家经济实力和综合国力不断增强的最好证据，表明我国的经济社会发展迈向了更高的台阶。

在我国经济社会取得巨大进步和成绩的同时，必须深刻地认识到，中国的外部环境正面临着百年未有之大变局，经济发展进入高速增长到中高速增长的新常态。2013 年，首次提出我国的经济发展进入增长速度换挡期，经济面临着较重的下行压力，外部市场的需求缩小，内部经济增长的要素和约束条件正在发生变化，劳动力成本和外部的生态环境等压力导致传统的经济增长模式受到巨大挑战。经济发展进入了速度换挡期、结构调整阵痛期、前期刺激政策消化期同时集中出现的"三期叠加"阶段性。内外部的压力给我国的经济发展带来前所未有的挑战。

同时，经过 40 多年的高速发展，我国的物质财富积累明显，人民的生活水平大幅提高，但随着生活水平的提高，人民群众对物质生活的要求也在逐步提高。人民对物质的需求逐渐从数量需求过渡到了质量需求的阶段，生活水平也逐渐从物质需求上升到了精神需求的层面。党的十九大报告更是明确提出了新时代我国社会的主要矛盾已经转化为人民日益增长的美好生活需要和不平衡不充分的发展之间的矛盾，要促进人的全面发展。

社会经济发展的不平衡和不充分体现在：第一，在经济的高速发展阶段，对于经济增长速度和经济规模的过分追求导致我国的大量高耗能、高污染的行业，如钢铁、建材等大规模的发展，这些行业产能落后、科技含量较低，环境状况每况愈下。第二，产业结构上，产业门类低端化，资源循环利用规模小，产出率低，同时，经济规模的快速扩大和粗放型的增长方式，使得资源消耗量和消耗强度大幅上升，给资源和环境带来沉重的发展压力，重要资源的对外依赖性不断提高，可持续发展由于能源和资源等的约束难以为继。第三，高速发展及高能耗、高污染产业大大地破坏了生态环境，经济发展环境可持续性不断下降，而人民对于良好的生态环境的需求则随着不断提高的收入水平在不断地增加。由此可见，发展中的矛盾主要体现在发展的质量上，进行质量变革成为实现经济持续健康发展的首要任务。

高质量发展以满足人民日益增长的美好生活需要为出发点，按照新发展理念以创新为动力、协调为特点、绿色为形态、开放为道路、共享为根本目的，推动经济从"有没有"转向"好不好"。因此，在党的十九大报告中指出我国经济已由高速增长阶段转向高质量发展阶段之后，党的十九届五中全会鲜明提出以推动高质量发展为主题，加快构建以国内大循环为主体、国内国际双循环相互促进的新发展格局。

高质量发展涉及很多领域，是一个多维度、多元化、全方位的概念综合（金碚，2018；任保平和刘笑，2018；王雄飞和李香菊，2018），不仅包括经济效益的提高，还涵盖了政治、文化、生态和社会等诸多方面的改善及发展。从发展方式上看，高质量发展战略强调发展方式从速度、规模向质量、效益转变；从经济结构上看，高质量发展战略强调从资源密集型和劳动密集型产业向技术密集型和资本密集型产业转变，从传统的资源消耗型产业向新业态的绿色新动能转变；从资源的利用效率上看，高质量发展战略强调从"高投入、低产出"向"低投入、高产出"转变，从低循环向高循环转变。由此可见，效率变革是推动高质量发展的主线。

财政在国家治理体系中发挥关键作用，为各个时期的经济建设提供了有效的制度保障（高培勇，2018）。推动高质量发展需要有效的财政政策支撑，而有效的财政支出是实现高质量发展的重要保障。由此可见，高质量发展必将由政府主导并将持续投入大量公共资金。因此，在高质量发展中财政支出也要起到导向性作用，推动高质量发展的顺利实施。

现阶段我国经济社会的主要矛盾是"人民日益增长的美好生活需要和不平衡不充分的发展之间的矛盾"，意味着在经济发展的新阶段，我们面临的是无限增长的人民的美好生活需求和有限的政府提供之间的矛盾。资源的有限性对我国的社会治理提出了更高的要求，因此对政府在实现高质量发展中的资源配置的效率提出了更高的要求。财政支出效率的绩效评价是高质量发展的题中应有之义。加大财政支出的高质量发展方面的投入，提高公共资金的使用效率，有利于更快更好地实现高质量发展。

本书基于当前财政收入增速下滑的"新常态"和持续性减税降费的大背景，以高质量发展为目标，从高质量发展财政支出绩效水平及有效性视角出发，重构一套促进高质量发展财政支出效率的绩效评价体系，以期为政府在新的发展阶段制定科学有效的财政支出政策提供参考，把"好钢用在刀刃上"，使有限的财政投入实现既定的高质量发展目标（申亮和陈媛媛，2021）。

（二）研究意义

基于高质量发展视角，本书从财政支出效率提升视角出发分析如何更好地实现高质量发展目标，具有重要的理论意义和现实意义。

1. 理论意义

（1）充实财政支出绩效评价理论。财政支出绩效评价涉及公共财政理论、公共行政管理理论以及绩效评价理论，属于交叉研究范畴。区别于现有研究，本书以高质量发展为主线，将高质量发展多维度目标与提高财政支出绩效水平统一到同一个框架中，在重构财政支出绩效评价体系的基础上，对现有财政支出的高质量发展状况进行实证分析，能够丰富高质量发展和财政绩效评价的理论研究。

（2）完善高质量发展理论和政策体系。在明确了高质量发展内涵特征的基础上，立足经济社会的发展实践，本书构建了符合高质量发展的绩效评价指标体系，在保证指标体系科学性和目标导向性的前提下，对我国高质量发展的财政支出效率进行了综合评价和对比分析，拓展了高质量发展的政策维度，在一定程度上弥补了当前高质量发展研究的部分不足，有利于完善高质量发展的政策体系和理论维度。

2. 现实意义

（1）以河南省为例进行了综合的分析和评价，有助于提高河南省政府财政支出绩效，助推河南省高质量发展目标更快实现。通过对河南省现有财政支出水平的绩效测度，可以了解现有财政支出的效率高低及影响财政支出效率的因素，进而找到提升和优化财政支出效率的路径和机制，补齐高质量发展的薄弱环节和短板，实现河南经济高质量发展和民生改善的目标。

（2）充实了现代财政管理的重要内容，推动高质量发展目标财政保障。现有的财政支出绩效评价研究多属于在实践总结经验基础上的工具性研究。本书明确了在高质量发展阶段新的政策目标，在构建高质量发展财政支出绩效评价指标体系的基础上，重构高质量发展的政策目标和实施特点，推动现有的财政支出绩效评价研究直接应用于评价高质量发展，为更好地实现高质量发展提供决策参考。

二、文献回顾与评述

高质量发展的内涵复杂，且维度涵盖较多、结构复杂，其绩效评价也较为复杂。同时财政支出绩效评价自身的影响因素较多，既要考虑经济效应和社会效应，还要考虑成本收益问题。因此，在分析高质量发展的财政支出绩效评价问题时，不仅涉及高质量发展的内涵科学界定，还涉及财政支出绩效评价的结构特征、指标体系等的相关问题及领域。针对以上问题，国内外的理论界已经有较为广泛和深入的探讨。

从文献检索的结果来看，本书以"高质量发展"为主题词在中国知网搜索学术期刊结果显示：第一，自 2017 年以来，对高质量发展的研究呈不断攀升态势（见图 1-1）。2012 年，中国知网的相关学术论文检索结果仅为 50 篇，2013 年更是只有 31 篇，此后直到 2016 年，搜索结果都没有超过三位数。但在 2017 年后，关于高质量发展的学术研究呈井喷发展趋势，2017 年的相关论文为 249 篇，到 2018 年，这一数字已经高达 8543 篇，到 2022 年，更是高达 37900 篇。这表明近年来高质量发展问题得到

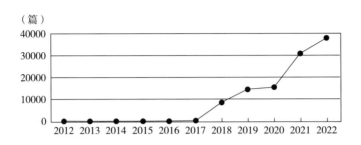

图1-1 高质量发展相关研究发文量

资料来源：中国知网。

了理论界的高度重视。第二，高质量发展的研究维度广泛（见图1-2）。从研究的相关主题分布来看，涉及制造业、经济高质量发展、营商环境、数字经济、乡村振兴、共同富裕及黄河流域等多个领域。从学科的分布来看，涉及经济体制改革、工业经济、农业经济、企业经济、行政学及国家行政管理以及教育、文化等领域。其中，相关研究数量最多的领域是经济体制改革，有30220篇，其次是工业经济，有17629篇。排名前10位的

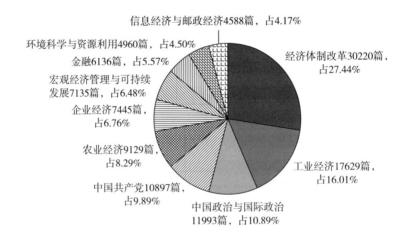

图1-2 高质量发展相关研究主题分布

资料来源：中国知网。

相关学科发文量均在 4000 篇以上，仅 2022 年，经济体制改革学科的该主题发文量就高达 8728 篇。第三，从层次分布上看，研究维度分布较为多元（见图 1-3），较多的研究属于开发研究，在开发研究中，相当多的研究又属于政策研究，这一研究层次的数量高达 3221 篇，研究层次中排名第二的是行业研究；研究量较大的包括有政策研究、行业研究和管理研究。整体来看，高质量发展的相关研究呈现多元化、多维度的特点，并且属于关注度较高的话题。

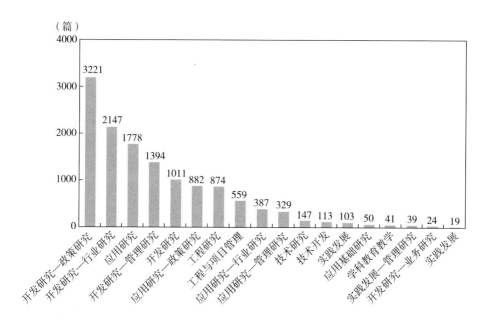

图 1-3　高质量发展研究维度分布

资料来源：中国知网。

（一）高质量发展的相关研究

自 2017 年党的十九大报告中提出高质量发展的理念以来，针对高质量发展的内涵界定、理论依据、影响因素及实现政策手段等方面出现了大量的优秀文献。

1. 高质量发展的内涵和特征研究

党的十九大报告指出，我国的经济已经转向了高质量发展阶段，"必须坚持质量第一"、"推动经济发展质量变革"。2018 年的中央经济工作会议再次强调，在制定经济政策和实施宏观调控时要"高质量发展"。由此可见，高质量发展的核心词在于"质量"，高质量发展的核心就在于质量的变革（任保平和李禹墨，2018）。

"质量"（Mass）是一个物理学意义的名词，是指物质的量度，属于质量自然属性层面的含义。随着经济社会的不断发展和进步，质量含义的维度在不断地拓展和深化。较多的观点认为质量与事务的优劣程度有关，即质量涉及价值判断。本书研究主要利用经济学原理，从经济学的领域分析质量的经济属性。从经济学基础理论的视角可对质量定义为：产品从实际需要的角度的价值特性，即产品或事务更高性能，从而更有效地满足人们需要的价值特性（金碚，2018）。因此从最一般的意义上来讲，从经济学领域视角研究的高质量发展，前提是对我国经济社会发展阶段和发展规律变化的基础上所要实现的更有效率、更加公平、更加可持续的经济发展方式，这体现了新的发展理念。整体来看，对高质量发展内涵的讨论主要从以下几个方面展开：

（1）对高质量发展内涵维度界定研究。高质量发展是一个多维度、全方位的综合概念，涉及社会、经济、生态、政治等多个方面。有别于传统狭义上单纯认为经济增长质量等同于经济增长速度，高质量发展的理念是将经济的可持续发展纳入分析框架。例如，Barro（1991）指出经济增长的质量不仅包括经济的增长，还包括社会、政治及宗教等诸多方面的高质量。Thomas（2000）认为经济增长质量是指经济增速之上的福利分配、生态环境、风险抵抗以及政府治理的发展。钞小静和惠康（2009）从经济增长的结果、稳定性、福利状况以及收入分配等方面界定了经济高质量发展的外延和内涵。叶初升和李慧（2014）认为经济高质量发展包含了经济发展的有效性、协调性、创新性、持续性、分享性和稳定性。宋文月和任保平（2018）指出高质量发展是经济发展的高级状态和最优状态，涉及经济结构的优化升级以及经济社会的协同发展，任何一个单一指标都无法对高质量发展做出科学的判断。因此从内容上看，多维性是高质量发展的根本特征，政策目标多元性是其发展战略的具体体现。因此，实现高质量发展突出体现为政策的全面性以及政策目标的"全覆盖"。

（2）从五大发展理念的角度展开的内涵研究。大部分学者认为高质量发展具有多维性和丰富性（刘志彪，2018），认为经济的高质量发展是高质量发展的基础，民生发展是高质量发展的终极目标（汪同三，2018）。赵剑波等（2019）则认为高质量发展具有全面性和系统性，应包括经济结构的转型和调整、共同富裕、生态环境的优化以及高质量民生保障体系的构建等。具体地，2015年，党的十八届五中全会上提出了"创新、协调、绿色、开放、共享"的新发展理念，即五大发展理念。五大发展理念是经济、政治、生态、社会等多个不同维度的交叉指标，具有科学性、全面性和导向性。因此大部分学者较为认可从五大发展理念的视角打造高质量发展的经济发展模型（詹新宇和刘文彬，2019；欧进锋等，2020；刘亚雪等，2020）。

具体地，从内涵上，创新是高质量发展的核心要素，高质量发展的实现需要创新驱动，实现从数量型向质量效益型的发展方式转变，可以产生高质量发展的内在驱动力，进而提升资源配置的效率，并解决经济发展中的经济结构问题，努力实现更高质量的发展（刘亚雪等，2020）。协调发展是经济高质量发展的核心要素。在近40年的高速发展过程中，在经济发展水平提高的同时，城乡之间、区域之间、居民之间在财富分布、收入分配等诸方面不均衡不协调的现象日益突出。协调发展有利于促进资源配置的合理有效，解决发展不充分不平衡的问题，促进区域均衡发展，实现经济持续健康发展和人民全面发展（詹新宇和崔培培，2016）。绿色发展与生态文明的建设关系密切，生态文明意味着绿色可持续的发展，任何发展都要以尊重自然规律为前提，自然界的可持续性是可持续性发展的基础和前提（张云飞，2019）。党的十九届五中全会明确提出"守住自然生态安全边界"，这是对于发展底线的要求。我国近40年的高速发展是建立在能源和资源的大量使用基础上的发展，一方面，能源的低效率使用导致我国温室气体的大量排放，给生态环境造成了极大的污染，同时，能源的消费和生产结构的失衡导致了我国经济发展结构上的失衡，在能源资源的高投入和低效率使用难以为继的前提下，高质量发展的环境基础受到极大的约束（佟丹丹，2017）。开放发展是高质量发展的重要基础。对外开放可以带来更多的资源、技术和市场机遇，推动国内经济的发展，进而促进高质量发展。另一方面，对外开放推动技术进步和经济结构升级，促进经济改革和经济制度变迁，提升经济效率。这有助于提高经济增长的质量和效益，推动经济向更加可持续的方向发展（桑百川和王伟，2018）。民生是高质量发展的重要方面，推动高质量发展必须坚持以人民需求为中心，实现人的全面发展，满足人民的美好生活需要（李迎生，2021）。而人民的美好生活需要正是高质量发展理念中共享发展的重要视域，因此，人民群众的获得感、幸福感和满意度是衡量一个国家高质量发展的重要指标之一。

（3）从经济新常态与高质量发展联系的角度分析。2014年，习近平总书记第一次提及"新常态"，认为新常态是一种不同于以往的、相对稳定的状态。经济新常态的出现意味着中国经济已进入经济中高速增长，经济结构优化升级以及创新驱动的新发展阶段。在经济新常态下，中国经济的增长方式需摆脱过度依赖投资和出口的发展方式，转向高质量发展，从而提升中国经济的质量、效率和可持续性。因此，经济新常态和高质量发展是相互关联的，只有在经济新常态背景下，中国经济才能实现高质量发展；同时，高质量发展也是中国经济转型升级、实现可持续发展的重要途径（周绍东和陈艺丹，2021）。

（4）从微观、中观、宏观三位一体的质量经济属性讨论。有学者认为高质量发展的研究落脚点应该在"质量"上，一部分学者认为高质量发展可从经济发展的均衡性、效率性以及经济增长的速度等方面界定质量的定义，还有部分学者则从微观的企业层面、中观的产业层面以及宏观的总体经济层面来界定质量及高质量发展，认为高质量发展是一种充分均衡的发展观，可全方位地为中国经济发展提供系统化的战略指导（赵剑波等，2019）。

具体地，微观企业层面上的高质量发展侧重产品质量的监督管理，提高产品的质量控制及流程控制，能够提升我国产品的竞争能力，提升我国制造业的国际竞争力和国内竞争力。同时，产品的高质量又是直接满足人民美好生活需要的第一重，微观层面的高质量发展意味着消费的升级和供需的适配（刘伟，2021）。从中观的产业层面来看，高质量发展指产业结构的调整和优化、产业的质量效益不断提升等方面，如重点产业和行业的竞争力提升、产业内大企业和高技术企业的数量不断增加等，产业层面的高质量内涵大于企业层面的高质量内涵，产业层面的高质量既包括了产品的高质量，还包括了产业结构的高质量（赵华林，2018；段炳德，2018）。从宏观层面理解的高质量发展，内涵囊括了企业和产业层面，除企业层面的微观经济收益和产业层面的产业结构优化，还包含了经济增长的稳定性，区域间、城乡间的均衡性，人与环境之间的协调性以及经济社会发展的公平性等多重维度。因此，从宏观层面上理解的高质量发展意味着经济社会的全面发展（史丹和李鹏，2019）。

（5）从学科属性的角度探索。韩雷和钟静芙（2021）认为我国对高质量发展研究的理论拓展并不成熟，对高质量发展的理论分析显得碎片化，缺乏系统性。在对高质量发展的分析中，为了寻找高质量发展的理论支撑，学者们从不同的学科讨论了高质量发展的内涵。张俊山（2019）探讨了高质量发展的政治经济学的理论逻辑，从质量的经济属性出发对高质量发展进行了价值判断，认为高质量发展的现实价值意指经济发展的低代价，而终极价值则包括了人力资本的高水平以及民生幸福感的提升。宋国恺（2018）认为，高质量发展同时具备经济学和社会学的双重属性，基于社会学的价值判断，高质量发展的核心在于追求高质量的生活，构建高质量的社会结构，从微观视角推动人的全面发展，在宏观视角实现社会的全面进步。

总体来看，由于高质量发展是一个全面性、多维性和系统性的相对复杂的概念，尚未形成学界广泛认可的定义。然而，通过对高质量发展概念的文献回顾，高质量发展包括以下几个关键要素：首先，高质量发展的核心概念为"质量"，它贯穿整个经济社会发展过程。高质量发展就是要在经济发展的过程和结果上，实现发展的高质量和效益。其次，高质量发展是一个新的发展理念，是推动经济社会迈向更高质量、更高层次的发展理念。相应地，经济高质量发展本质上是经济发展的高级阶段。最后，高质量发展与经济增长和经济发展的概念有着明显的区别。高质量发展涵盖了经济发展和经济增长，同时包括了生态高质量及民生发展高质量等多个维度。目前，从"创新、协调、绿色、开放、共享"五大发展理念来界定的高质量发展内涵，得到了较多的认可（张占斌，2018；洪银兴，2019；段秀芳和沈敬轩，2021）。

2. 高质量发展影响因素的研究

在对高质量发展内涵进行科学界定的基础上，学者们也依据自身对高质量发展内涵的理解对高质量发展的影响因素进行了深入的探讨。

（1）创新是高质量发展的第一动力。高质量发展要求实现经济社会发展的质量变革，重视经济增长的质量，提高全要素生产率，以满足人民对高质量的产品和服务的增长的需求。而质量变革的动力来自创新的推动及经济增长新动能培育和新旧动能的接续转换。在新旧动能接续转换的过程中，创新动力不足，高水平的平衡发展就很难实现。创新是重要的驱动力。在全球化和技术爆炸的现代社会，科技的进步、商业模式的创新、新产品的研发和服务质量的提升，以及创新的生产流程和管理方式的改进，都是实现高质量发展的重要手段。同时，自主创新能力的提升，可以形成资源配置层面的经济增长潜力开发和发展模式的转型，因此高质量发展的实现需要以科技的自主创新能力为依托，顺应依据世界创新技术发展的趋势，推动国家创新，实现科技创新和产业升级，提高国际经济竞争力和国际地位，促进产业结构升级和转型升级，提高人民群众的生活水平和幸福指数。

（2）绿色可持续是高质量发展的内在要求。党的十九大报告指出，高质量发展的目标是为了满足人民日益增长的美好生活需要。人民对于美好生活的期待，不仅包括了经济的快速发展和物质财富的积累，还包括经济社会各个方面的协调发展，如人与自然共生的生态协调和社会的全面进步（孙久文，2018）。以生态文明为基础的可持续发展，是经济社会高质量发展的资源基础和生态约束，尤其在物质财富积累已经达到一定程度的现代社会，人们对于美好的生态环境的需求愈加强烈。生态文明建设的协调和高质量发展，也是为了人民有更好的发展空间和发展的能力（钟贞山，2017），它是推动全面高质量发展的重要手段，强化生态和资源上的绿色可持续，能更好地推动高质量发展目标的实现（金乐琴，2018）。

（3）协调发展是高质量发展的前提和保障。习近平总书记指出，协调既是发展手段又是发展目标，同时还是评价发展的标准和尺度。从内涵上讲，高质量发展首先强调质量和效益的共同提升，强调在实现经济增长的同时，推动经济结构和产业结构的优化升级，提高经济增长的质量和效益。其次高质量发展强调经济、社会、生态、环境之间共生的高质量发展。高质量发展注重可持续性和稳定性，强调经济的长期发展，而非短期的增长。单纯地对经济增长速度的强调带来了环境污染、资源浪费等负外部效应，严重地危害了经济的可持续性与稳定的发展性。因此，合理的资源配置和环境保护是保证高质量发展的重要前提。最后区域协调发展也是高质量发展的重要组成部分，高质量发展不仅要求经济增长的提高，还要求不同城乡之间、区域之间以及经济社会、环境等诸多经济领域的协调发展，以实现经济各要素的合理配置和优化利用（韦伟，2018）。促进高质量发展目标的实现，必须处理好各个经济领域多重关系的协调。

（4）开放是高质量发展的内外联动发展的机制。国内外大量研究表明，对外开放有助于促进国际间的技术转移和推动国际资本的流动，对提高经济的发展效率和质量有显著的正向推动作用。对外开放首先可以通过国际间的新技术外溢效应，实现本国科技创新实力的增强，并实现国际间的技术转移承接。其次对外开放能够使企业面向更广阔的国际市场，推动国际间的经济合作和技术交流，增强企业、产业的国际竞争力和产品的质量。最后高水平的对外开放可以带给本国企业更大的竞争压力，迫使企业在技术创新和研发上加大投入，更好地面对来自外部市场的激烈竞争。由此可见，开放发展是高质量发展的重要基础，通过高水平的对外开放能更好地推动高质量发展，促进科技创新和技术进步，增强产业的国际竞争力。

（5）共享发展是高质量发展的核心。高质量发展的核心思想是"以人民为中心"，"以人民为中心"的本质在于要让经济发展的成果更多地服务于人的全面发展。这与我国主要矛盾的转向殊途同归，经济发展的成果更好地服务于人的全面发展，契合了人民日益增长的美好生活需要（史琳焱和胡怀国，2021）。而共享发展即是指全体人民共享发展成果，在共享发展中，促进全体人民的消费升级和更新换代，带动产业结构的更新和科技创新能力的提升，推动中国经济在更高程度上的发展。另外，高质量发展的不断推进有利于实现中国式现代化的共同富裕的最终目标（李实，2020）。从共同富裕与高质量发展的关系来看，高质量发展是共同富裕的基础，共同富裕必须在生产率水平不断提高的物质基础上实现，因此共同富裕离不开高质量发展的实现。蔡昉（2022）认为共同富裕依托于生产率成果共享，是在生产效率提高与共享水平一致的基础上的共同富裕。由此可见，共享发展与高质量发展具有内在的一致性和发展的协同性。推动共享发展，有助于增强中国经济应对外部风险的韧性和张力，有助于实现高质量发展的目标。

3. 高质量发展的实现路径研究

实现高质量发展的路径研究也是当前学术界关注的重点话题，学者们认为高质量发展的多维性和全面性决定了实现高质量发展必须从多种途径入手，全面推动，才能有效地实现高质量发展。整体上看，现有研究认为高质量发展的推动途径主要有以下几个方面：

（1）政府的有效治理是高质量发展的制度支撑。政府与市场的关系始终是现代经济社会中的首要问题，推动高质量发展必须保证市场的决定性地位和作用，利用市场机制的基础和主导作用来提高经济社会的资源配置效率及效益（和军和谢思，2019）。另外，高质量发展的实现不能离开政府的有效治理，高质量发展所要实现的最优化和全面发展的目标，需要政府在创新激励、产业结构调整及经济社会重大风险防范中发挥引导和保障作用。具体地，政府对于高质量发展的推动作用表现在：第一，强化对基础研究的支持，引导更多的资源流向创新活动，健全产学研的收益分配和转化机制，创造有效的充分开发的国际国内环境，坚持合作共赢（李子联和王爱民，2019；马立政和李正图，2020）。第二，为企业营造良好的创新环境和创新氛围。加大对知识产权的保护力度，为科技企业开拓融资渠道，并为其提供创新活动的保障（荆文君和孙宝文，2019）。第三，完善创新和高质量发展的社会制度体系。高质量发展要求高质量劳动力要素的自由流动，完善相应的社会制度如社会保障制度，能够为创新要素的有效流动提供制度支撑，推动高质量发展。第四，提高政府的监管能力，为高质量发展提供有效的保障。完善政策体系，强化国家发展规划的目标引导，增强政策工具之间的配合和协调。总的来看，要有效发挥市场和政府的作用，构建有效率促进高质量发展的政府政策体系（付文彪和鲍曙光，2018；高培勇等，2019）。

（2）金融工具和结构的创新发展。金融发展是经济发展的重要动力。Mullen（2005）明确指出了金融促进经济增长的路径，即金融发展—实体经济发展—经济发展的金融功能路径。可见，金融发展可以促进实体经济的发展，从而带动经济增长。高质量发展离不开金融的支持，高质量的发展会带来高质量产品的消费，而消费的变化使得宏观经济的结构相应发生变化，引起投资结构的变化，作为投资的媒介，金融发展随之受到影响。按照高质量发展的内涵，高质量发展要求的金融发展更具有包容性和创新性，为适合高质量发展的经济结构、产业结构和消费结构提供有利的金融发展环境。陈陶然和潭之博（2019）指出，金融部门需要为实体经济部门提供具有科技型和创新性的金融产品和金融服务，以实现经济高质量发展。此外，绿色化是高质量发展的本色，经济发展方式的绿色转型需要金融发展的推动。绿色金融可以通过实现绿色技术创新，发展可持续的战略性新兴产业，推动经济社会与生态环境的协调融合发展（韩景旺和李瑞晶，2023）。吴慧和上官绪明（2023）则以黄河流域为研究对象，基于数字经济发展的时代背景，探讨了数字金融创新对黄河流域生态保护和高质量发展促进作用。

（3）创新是引领高质量发展的重要源泉。创新是引领经济社会进步发展的重要动力。党的十九大报告明确指出，创新驱动是推动我国经济社会的质量变革、效率变革的重要推动力。提高创新能力、降低生产劳动要素投入，有利于资源配置效率的提高和经济社会效益的增加，全面推动经济发展进入质量提升时代。创新驱动培育的关键在于制度变革、结构优化和要素升级三个方面。王伟光等（2015）提出要注重产业、企业及区域间的协同创新，同时，还要转变发展理念，遵循市场经济规律，重视教育发展和创新人才的培养以及对知识产权的保护等。金碚（2018）认为，必须以有效的制度促进更多高技术含量的科技创新成果的产生和转化，以创新驱动经济实现高质量发展。王靖华和李鑫（2018）认为，高质量发展的关键是创新，必须以创新打破传统的经济发展模式，以科技创新与制度创新的双轮驱动不断占领制高点，更好地推动高质量发展。可见，科技创新是增强经济动能，释放经济活力，实现经济高质量发展的重要源泉（孙早和许薛璐，2018；刘志彪，2018；吴翌琳和于鸿君，2020）。

（4）协作发展是实现高质量发展的有效途径。高质量发展中，各方共同参与，联动协同发展更能提升生产力要素的质量。产业之间、区域之间、国际之间的要素合理分配和生产力有效协作，有助于推动高质量发展（任保平和李禹墨，2018）。王喜成（2018）提出，经济发展转入高质量发展阶段，首先要破除经济社会运行中的深层次矛盾，着力于建设产业、市场、收入分配、城乡协同、国际合作以及绿色低碳六大领域协作的现代化经济体系。石碧华（2020）以黄河流域高质量发展的情况为例，提出要改变黄河流域发展的不平衡不充分问题，应着力提升黄河流域各个区域的联动，促进合理分工，优化要素配置，增强区域之间的协同性和整体性，促进人地之间、产业之间、经济建设和生态建设之间的协调，实现创新驱动的高质量发展。杨军（2023）提出要以双向开放实现促进高质量发展的新局面，坚持开放互动与合作共赢，努力拓展对外开放和对内开放，既要加强与国内各市场的联动，又要积极参与国际间的合作，整合全球资源，实现高质量的互利共赢的发展形势。

（5）财政对高质量发展的保障作用。在新发展阶段，高质量发展对财政提出了更高的要求，高质量发展要求提升经济的效率和效益，而财政是国家治理的支柱和基础，财政资源配置的高质量和高效率，能够为高质量发展提供财政保障等重要基础作用。楼继伟（2021）在分析我国"十四五"规划的基础上，探讨了经济社会发展目标与财政之间的密切联系，明确了财政助推经济社会发展目标的作用方式。吕炜和王伟同（2022）认为高质量发展目标的实现离不开财政的支撑和保障，财政作为政府重要的资源调配部门，对宏观经济治理作用重大。白景明（2020）指出财政应当实行更注重质量和效果的积极的财政政策，摒弃以往"大水漫灌"式的支出方式，更加注重财政资金的配置效率和使用效益，推动高质量发展。还有学者从财政手段对科技创新的促进作用分析了财政对高质量发展的推动作用，安同良和千慧雄（2021）提出财政研发补贴可以有效地促进企业技术创新，政府支持可以提升高端制造业的科技创新水平和国际竞争力。由此可见，完善财政职能，针对不同产业、行业的特性，准确落实宏观经济政策意图，有助于确保经济社会健康稳定发展。

（二）财政支出绩效评价

财政支出是政府实现其政策目标的主要手段，在现代国家治理中居于核心地位，而作为提升财政支出效率的主要工具，绩效评价一直是理论界关注的重点，随着我国2018年明确了全面推行预算绩效评价后，对于财政支出绩效评价的问题重新得到学术界的重视，并且不断推进深入扩展。对现有研究成果的归纳、分析是研究的基础。因此，本部分将从财政支出绩效评价的理论基础出发，对相关的研究进行梳理与综述，力求从全貌上对财政支出绩效评价进行总结和分析。

1. 国外研究

现代的财政支出绩效评价是随着新公共管理理论的兴起而发展起来的，并在各国的财政管理实践中不断完善。为了摆脱财政支出管理的低效和政府的财政困境，西方国家创新了财政支出绩效管理的工具，期望以此来缓解财政的收支矛盾。在早期，西方国家大部分以政府审计的方式来对政府支出进行评价，由于对财政支出理念的限制，在西方国家推行绩效评价的初期，大多数国家仅关注于支出程序的合规性和投入产出的效率，较少关注评价的手段和评价的结果。自 20 世纪 40 年代起，由于福利经济学的发展，政府的财政支出绩效评价开始关注公共支出对经济社会福利方面的影响。到 20 世纪 60 年代，美国政府提出了 Economy（经济性）、Efficiency（效率性）、Effectiveness（效果性）的 3E 原则，得到世界大多数国家的广泛认可和应用（Hatry，1980）。马斯格雷夫（Musgrave）首先关注到了财政支出的绩效问题，并开始探讨财政支出绩效与国民生产总值等宏观经济指标的关系。相较于财政支出绩效评价的理论分析，西方国家的研究较多地集中在财政支出绩效的实践的讨论。美国提出 3E 原则后，1972年，在《政府审计准则》中又提出了"绩效审计"概念，布朗的《政府绩效审计》也开始涉及财政支出绩效评价。进入 20 世纪 80 年代，西方国家的经济滞胀危机，使其不得不对政府支出的绩效再次重视，掀起了"政府再造"活动，这一时期，随着新公共管理理论的兴起，加上英国政府的"雷纳评审"、澳大利亚政府的项目绩效评价，西方国家逐渐形成了较为完整的财政支出绩效评价理论体系、指标体系以及评价方法体系。

2. 国内研究

在我国，对财政支出绩效评价的相关研究业已有相当的积累。在中国知网上以"财政支出绩效评价"为主题词进行搜索，可得到如图 1-4 所示的结果。

由图 1-4 可知，自 2002 年后，中国财政支出绩效评价的研究量开始明显上升，说明学术界对于财政支出的效率问题的关注在不断地提升。2004 年后，发文量攀升到较高的水平。研究主题主要集中在绩效评价、支

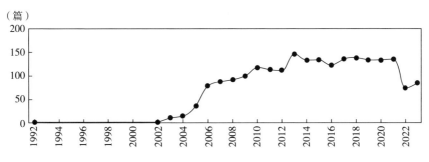

图1-4 财政支出绩效评价发文量年度趋势

资料来源：中国知网。

出绩效以及财政支出三个方面。文献数分别为 1154 篇、892 篇以及 502 篇。研究的领域主要集中在财政与税收及会计领域，其中，财政与税收领域有关财政支出绩效的研究占比达到 71.27%（见图1-5）。

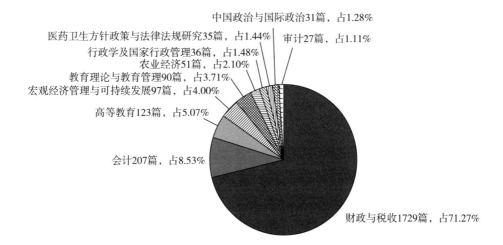

中国政治与国际政治31篇，占1.28%

医药卫生方针政策与法律法规研究35篇，占1.44%

行政学及国家行政管理36篇，占1.48%

审计27篇，占1.11%

农业经济51篇，占2.10%

教育理论与教育管理90篇，占3.71%

宏观经济管理与可持续发展97篇，占4.00%

高等教育123篇，占5.07%

会计207篇，占8.53%

财政与税收1729篇，占71.27%

图1-5 财政支出绩效评价学科分类

相应地，国内关于财政支出绩效评价的研究主要集中在以下几个方面：

（1）对财政支出绩效评价的内涵进行科学界定。这一研究主要集中在财政支出绩效评价活动的早期，2000 年初，由于东南亚金融危机，巨大的财政支出压力使得政府不得不从增收节支的思路寻找方法，同时，公共财政理念开始得到广泛的认可，社会对政府的公共服务以及公共服务质量的要求不断提高，由此，财政支出绩效评价开始在我国流行开来（贾康，2006）。在研究的早期，学术界倾向于将绩效和效益视为相同或相近的概念。因此早期研究从财政支出的效益或效率入手，从经济效益和社会效益两方面界定绩效（唐虎梅，2002）。但随着对绩效内涵认识的不断推进，支出的有效性开始被纳入"绩效"的内涵，认为财政绩效的实质不仅包括效益，还应包括效率（丛树海等，2005）。多数文献均将财政支出绩效视为政府绩效的一部分，贾康（2006）提出了绩效预算，指出将绩效评价与预算改革相结合，是财政支出绩效管理的主要任务。

（2）关于财政支出绩效评价体系和方法的研究。在财政支出绩效评价体系的研究方面，主要集中在如何构建科学合理的财政支出绩效评价体系。这一内容又集中在如何选择财政支出绩效的指标以及指标选择的原则两个方面。从绩效评价的原则来看，科学、合理的评价原则有利于全面考察绩效情况。一般来说，我国广泛认可 3E 原则，从 3E 原则出发，拓展了绩效评价的原则。吕春建（2008）将绩效评价的原则归纳为真实、科学、效用、简便四个主要方面。余振乾和余小方（2005）以财政科技支出为分析对象，在对财政科技支出绩效评价取向定位的基础上，对地方政府的科技支出的基本原则进行了确定。金荣学（2008）从财政经济性支出的内容出发，提出了经济性支出绩效评价的原则，认为绩效评价的原则主要有整体性原则、可行性原则、可拓展性原则及成本—效率原则。徐建中等（2013）基于 4E 原则构建了我国政府预算绩效评价的框架。基于上述绩效评价的原则，现有研究对财政支出绩效评价体系的构建和评价方法进行了许多有益的探索。李普亮和李琴（2011）基于"效率性"原则，以地方农业财政支出为研究对象，构建了支出效率性评价指标体系，并采用综合评分法实证检验了中国地方财政中农业投入的产出效率。李金珊和王倩倩（2018）结合财政部财政支出绩效评价的指导办法，构建了包括效率、效果、公平和可持续四个维度的专项财政支出绩效评价，并以此建立了财政支出绩效评价一级、二级指标体系。赵敏等（2014）基于亚洲银行"项目设计与监测框架"（DMF框架），探索了全过程预算绩效管理的应用问题，提出有必要使用DMF框架建立行业指导指标库。毛晖等（2018）以省级政府为研究对象，以财政支出的社会效益和经济效益为评价原则和对象，使用数据包络法（DEA）对省级层面的财政支出效率进行了评价。刘小梅（2017）综合采用了平衡计分卡以及层次分析法，以农业财政支出为研究对象，探索了如何构建科学合理的农业财政支出计划性评价指标体系。魏婷婷（2017）以云南省医疗卫生支出为评价对象，采用了数据包络法、因子分析法和泰尔指数法，从支出的规模、效率和公平性三方面分别对云南省医疗卫生财政支出进行绩效评价。

（3）关于财政支出绩效管理的研究。国内对这一领域的研究主要包括：一是对绩效管理内容的界定；二是针对特定地区或特定项目的研究；三是针对现存问题的对策建议。

1）在关于绩效管理内容界定方面，学术界普遍认为绩效管理主要包括绩效评价原则、绩效评价目标、绩效评价方法、绩效监督以及绩效评价结果应用五个方面。陆庆平（2003）认为应该从财政支出分配比例的合理性和财政资金使用的有益性实施财政支出绩效管理。詹国彬（2005）在对比分析了OECD国家的绩效基础预算改革运动的基础上，提出了对我国政府预算改革管理方式的启示，应该将预算改革纳入政府预算改革的框架，规范预算的管理，提高政府管理的绩效。赵敏和王蕾（2016）在质量管理理论的基础上，分析了国际上主要国家绩效评价质量管理的主要经验，总结了质量控制的主要原则、关键要素和活动阶段，从质量管理的视角构建了适应我国财政支出绩效评价的质量要素和质量控制原则。总体上看，学术界普遍认可绩效管理是政府公共支出管理的一项重要制度（张雷宝，2007），是对财政支出效率监督的内容。

2）针对特定地区或特定项目的研究方面，学术界的研究更为充分和全面。针对特定地区的研究中，主要从某一地区的实际情况入手分析现存问题，如刘家凯等（2011）、刘小梅（2011）、高宝森（2012）、齐守印等

（2014）、吴铮（2015）、颜海娜（2017）等分别对广西、甘肃、内蒙古、河北、青海及广东的不同类别的公共支出效率进行了绩效评价，针对各个地区的具体情况，提出了开展绩效评价的总体思路和目标要求。在针对特定项目的研究中，特定的支出项目主要集中在相应的公共服务领域，此类领域的财政支出项目，由于其公益性强且产出的衡量方式较为间接，因此采用投入—产出的分析方法较难科学评价其支出效益，具体地，此类研究涉及的支出项目集中在环境保护、医疗卫生、农业、文化服务以及科技等领域（李燕凌和李立清，2009；黄溶冰和赵谦，2012；张铭洪等，2014；潘炜和傅才武，2018；高涓和乔桂明，2019）。

3）针对现存绩效支出评价存在问题的研究。一部分学者从宏观角度分析了我国财政支出绩效评价存在的问题，认为我国当前财政支出绩效评价存在的问题主要有：在指标体系的构建上，绩效评价的指标体系不完善，导致无法对支出绩效进行有效的量化（谢国财，2012）；在绩效评价的标准上，缺乏相应的科学性，现有的评价标准没有统一的参考依据，大多数时候只能依靠评价人员的个人经验，导致评价结果的模糊和不确定，影响了最终评价结果的客观性和准确性；在绩效评价结果的应用上，绩效评价的结果应用并不充分，绩效评价的目的在于强化财政资金使用的约束力，最终实现提高财政支出效率的目的。现有的财政支出绩效评价工作，尽管在项目、单位、部门等方面都进行了具体有效的评价工作，但如何将评价结果应用于支出工作优化及财政支出结构调整等方面，还缺少明确的思路和具体的做法（侯孝国和李云庆，2003）。针对以上问题，学者们提出了相应的改革思路，如持续强化绩效理念、推动绩效评价的法制化建设、完善绩效评价指标体系等解决思路。

（三）高质量发展与财政支出绩效评价的关系研究

高质量发展目标的实现必须不断提高投入产出效率和全要素生产率，财政作为国家治理的基础和重要支柱，在推动我国经济迈入新发展阶段，实现高质量发展上，更需要提升政府行政效能和公共服务的质量。由此可见，高质量发展与财政支出绩效评价之间存在着天然的联系。刘昆（2018）明确指出，全面实施绩效管理，建立"花钱必问效、无效必问责"的支出约束机制，是实现高质量发展的重要手段，全面提升财政资源配置效率和使用效益，能够促进经济在质的大幅提升中实现量的增长。

整体来说，现有关于财政支出绩效评价与高质量发展关系的研究相对较少，但已有部分文献关注到两者之间的关系，如姜磊等（2022）采用中国地市级数据分析了财政支出效率与绿色全要素生产率之间的关系，认为应以高质量发展为标准协调区域间的发展。郭健和张明媛（2021）以山东省高质量发展的现实背景及高质量发展困境为分析对象，分析了如何实现财政政策的提质增效以促进高质量发展。肖友华和王磊（2018）分析了高质量发展背景下的基层财政高质量发展的问题及路径。

（四）文献总结与评论

1. 文献总结

通过对文献的梳理，可以看出，国内外学者对高质量发展、财政支出绩效的研究取得了丰富的成果，这些研究为后续相关研究的开展提供了很好的理论和文献基础。

首先，从国内外对于高质量发展的研究来看，高质量发展的内涵和理论体系已经日渐完善，研究框架也已经逐步建立。但是应该注意到，高质量发展具有全面性和多维性，后续应该综合考虑社会、经济、生态等多方面，对高质量发展和高质量发展的影响因素及实现路径进行归纳整理分析。

其次，我国的财政支出绩效评价的研究已经十分丰富和充分，在财政支出绩效评价的原则、指标体系的构建、政府的实践以及支出绩效评价方法上，研究都已较为成熟，形成了较为完整的研究体系和结构。

最后，高质量发展与财政支出绩效评价的关联研究较少。高质量发展强调质量、效益，这正是绩效评价的核心和内容，但是现有研究尚未对两者之间的关系有较为深入的探讨。

2. 文献评述

由以上文献梳理可知，首先，学术界已经注意到了研究的必要性，并且对高质量发展、绩效评价工作的必要性和重要性也达成了共识。但是大多数研究是高质量发展的背景讨论，并未从宏观上注意到两者之间的关系。

其次，现有研究的全面性不足。现有研究的局限性表现在，或集中分析某一类型支出，或集中分析财政支出总量，还有研究使用地区数据分析。这种研究上的局限性使人很难从整体以及分类角度全面把握高质量发展和财政支出绩效评价的关联。

最后，现有研究的系统性不足。一方面，当前关于财政支出绩效评价的研究多属于在实践总结经验的基础上的工具性研究，使得现有的财政支出绩效评价研究很难直接应用于评价高质量发展。另一方面，现有关于高质量发展的研究多关注于对高质量发展内涵和外延的界定，鲜有研究涉及高质量发展财政支出绩效评价问题。

因此，考虑到以上几个方面，有必要在一个系统的框架下全面地分析，重构促进高质量发展财政支出的绩效评价体系，为更好地实现高质量发展提供决策参考，以便为我国的高质量发展目标的实现提供更加可靠的理论依据和现实参考。

三、研究思路和研究方法

（一）研究思路

本书首先在吸收借鉴国内外学者对于高质量发展、财政支出绩效、绩效评价等研究的基础上，运用发展经济学和公共管理的相关理论，阐述财政支出绩效对高质量发展的作用机制，并对我国高质量发展和财政支出效率等方面进行深入的分析。其次结合中国高质量发展和财政支出绩效评价的发展现状，构建高质量发展财政支出绩效评价指标体系，采用多种计量模型对我国的高质量发展财政支出绩效情况进行全面的实证检验，以此为基础进行了综合的评价和分析。再次以河南省为例，实证分析中部大省河南高质量发展的现实困境和高质量发展财政支出效率情况。最后提出完善高质量发展财政支出绩效评价政策体系的措施建议，为我国的财政管理、高质量发展提供了参考。具体的研究思路如图1-6所示。

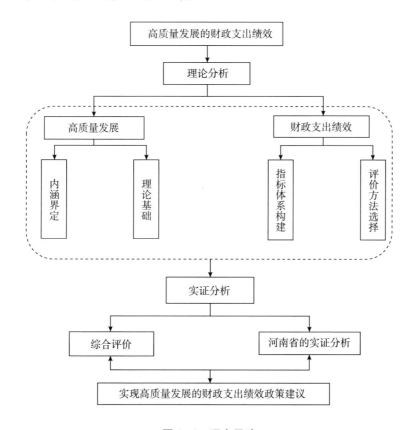

图1-6 研究思路

（二）研究方法

本书在综合采用了发展经济学、区域经济学、运筹学及公共管理学的相关研究和分析方法的基础上，采用了定性分析和定量分析相结合、规范分析和实证分析相结合、历史和数据统计分析相结合等方法对我国高质量发展财政支出绩效评价问题进行了分析。

1. 定性分析和定量分析相结合

从定性角度来看，采用归纳、演绎等方法分析了高质量发展的概念和范畴，同时对财政支出绩效评价理论进行了相关的抽象和理论分析。考虑到高质量发展概念的复杂性、多维性以及跨学科特点，单纯的定性分析不足以反映出高质量发展理念的全部内涵以及财政支出效率的全貌，因此，又采用定量分析方法，对高质量发展状况、高质量发展财政支出效率等问题进行了量化研究。

2. 规范分析和实证分析相结合

运用规范分析方法，从理论和作用机制上将高质量发展和财政支出绩效评价的理论分析和现实剖析结合起来，在进行相关文献梳理和理论回顾的基础上，深入分析了我国高质量发展现状和财政支出绩效评价现状，为实证研究奠定了理论基础。在规范分析的基础上，采用省级面板数据对高质量发展的状况进行了实证研究，并对实证结果进行了综合的评价和对比。

3. 历史和数据统计分析相结合

使用历史分析方法梳理了我国财政支出绩效评价的政策演变历程，进一步分析了高质量发展的整体情况以及区域间的差异性。这些分析不仅充实了本书的研究基础，还提高了本书研究的针对性。

四、研究的主要内容

本书的主要内容安排如下：

第一章为导论。主要内容包括选题背景、研究意义以及国内外相关研究的文献述评，还包括研究思路、研究方法以及本书的结构。

第二章是对高质量发展与财政支出绩效评价的相关理论进行的系统性回顾和梳理。首先，重点讨论高质量发展的内涵及特征，并对高质量发展理念提出的理论基础、政策背景及动态演变进行了回顾和分析，并以此为基础界定了高质量发展的内涵及特征。其次，在全面回顾绩效评价相关的概念、发展历程及理论背景的基础上，对代表性的财政支出绩效评价的原则和方法进行了归纳和总结。最后，对高质量发展与财政支出绩效的理论联系和互动机制进行了全面的分析和阐释，完善了两者之间的影响路径和理论机制，指出财政支出绩效评价，有利于高质量发展目标的实现，为高质量发展提供更多的动力和支撑。高质量发展要求提高财政资金使用效率，促进财政支出绩效评价的实施，确保财政资金的合理使用和有效管理，从而促进财政支出绩效评价更加深入和科学。

第三章是针对我国情境的高质量发展视域下财政支出绩效评价体系的构建。首先对我国的财政支出绩效评价的发展及发展历程进行了定性考察，并回顾和梳理了我国财政支出绩效评价政策的演变。其次分析了我国财政支出绩效评价的发展现状及存在的问题，并在此基础上构建了我国高质量发展视域下财政支出绩效评价的指标体系和优化方向，指出创新、协调、绿色、开放、共享是构建高质量发展财政支出绩效评价体系的五大维度。

第四章从定量的视角考察了我国基于高质量发展的财政支出绩效的综合评价。基于高质量发展的五大发展理念，构建了评价我国高质量发展财政支出效率的综合评价指标体系，并运用熵值法对我国 30 个省份 2013~2021 年的高质量发展财政支出效率进行了综合评价。首先，基于高质量发展的五大发展理念，选取了符合高质量发展财政支出的 11 个指标，构建了高质量发展的财政支出绩效评价体系。其次，依据上述方法及指标体系，对我国 30 个省份 2013~2021 年高质量发展的财政支出绩效情况进行了测度，并对我国的高质量发展财政支出绩效情况进行了整体的对比和分析评价。最后，对我国各省份的高质量财政支出绩效情况在整体上及区域间进行了对比分析。

第五章是针对河南省高质量发展视域下的财政支出绩效的实证分析。立足河南现实，在分析河南省促进高质量发展现实基础和面临的主要困境的基础上，构建河南省高质量发展财政支出绩效的投入产出指标体系，以2010~2020年河南省18个地市的面板数据为基础，利用DEA模型的BCC方法及DEA-Malmquist指数法，以地市级高质量发展财政支出效率为分析视角，从静态及动态角度测算并分析了18个地市高质量发展下财政支出绩效的情况及发展趋势，并在测算高质量发展财政支出绩效的基础上，利用Tobit模型分析了影响河南省高质量发展财政支出绩效的影响因素。

第六章是基本结论和相应地提高高质量发展财政支出效率的政策建议。在对前文总结分析的基础上，提炼了本书的主要研究结论，并提出了相应的对策建议以及未来研究的展望。

五、可能的创新与不足之处

（一）可能创新之处

1. 研究视角的创新

解构高质量发展内涵，采用熵值法从创新驱动、区域协调、绿色经济、开放发展、共享成果五大发展理念维度构建五位一体的高质量发展指数体系，并对我国各省份高质量发展水平进行省际对比评估。现有研究多着眼于经济社会某一方面的高质量发展，鲜有基于整体经济社会视角的高质量发展指数评价体系。因此，本书的研究既可以丰富财政支出效率的研究，也丰富了高质量发展影响因素的研究。

2. 研究内容的创新

首先，将高质量发展融入财政支出绩效评价工作，将经济学发展的目标问题与财政管理工具相结合，以高质量发展为主线，将高质量发展多维度目标与提高财政支出绩效统一到同一个框架中，并在重构财政支出绩效评价指标体系的基础上，对现有财政支出的高质量发展状况进行实证分析，丰富了财政绩效评价的理论研究。同时拓展了新形势下现代财政管理的研究内容，创新性地提出了实现高质量发展目标财政保障问题。其次，重构促进高质量发展财政支出的绩效评价体系，推动了现有财政支出绩效评价的结果应用的发展，并为更好地实现高质量发展提供决策参考。最后，以河南情境为基础，有助于河南省结合自身现实和优势，将财政支出瞄定在有效促进创新、协调、绿色、开放、共享五个方面，进一步优化财政政策选项，最大限度发挥财政资金的使用效益，更好地促进河南省高质量发展。

（二）本书的不足之处

1. 指标选择可能存在漏取问题

高质量发展是一个动态、复杂且处于变化的发展理念，因此对其内涵和特征的认识也应该是不断发展变化的动态过程。而囿于数据的可得性及指标的可靠性，本书选择的指标可能并不能全面反映高质量发展的全部面貌，同时也无法有效地跟随高质量发展内涵的动态变化趋势。

2. 研究方法的局限性

当前，财政支出绩效评价的方法众多，除指标赋权法等客观定量评价方法外，还有诸多定性分析的综合判断法。本书采用了熵值法和数据包络分析方法，尽管较好地保证了结果的客观性，也在评价结果上保证了对比分析的可操作性，但过分依赖于指标体系的科学性和合理性，在某种程度上可能会造成评价结果说服力不足等问题。

第二章
高质量发展与财政支出绩效的基本理论

　　高质量发展和财政支出绩效是当前我国经济发展新阶段的重要战略发展方向。高质量发展是全面建设社会主义现代化国家的首要任务。它体现了经济发展的高水平、高质量和可持续性。财政和财政支出作为国家宏观经济政策的重要手段，决定着国家治理体系的运行状况和国家治理的实现水平。在高质量发展阶段，如何让财政支出发挥更优绩效，是我们必须深入研究的问题。作为经济发展的关键目标之一，高质量发展旨在通过优化经济结构、提高经济效率和推动科技创新等手段，实现可持续的经济增长和社会发展。而财政支出绩效则是保障高质量发展的重要手段之一，其核心在于确保政府资源的有效配置和利用，以实现经济社会收益的最大化。

　　本章探讨高质量发展与财政支出绩效的基本内容和基本理论，从多个角度分析高质量发展的内涵和要求，以及财政支出绩效评价的基本原理和方法。在此基础上，探讨如何进一步推进财政支出更好地服务于高质量发展的需要。本章的主要内容如下，首先，介绍高质量发展和财政支出绩效的基本理论，并探讨二者之间的关系和互动作用。其次，在介绍高质量发展提出的政策背景的基础上，对高质量发展的内涵和外延进行科学界定，分析其与经济增长、经济效率和社会发展等诸方面的联系，深入探讨财政支出绩效的内涵和评价方法，并介绍其在公共部门管理中的应用和实践。最后，着重分析高质量发展与财政支出绩效之间的关系，探讨两者间的互动作用和相互促进的关系。

一、高质量发展

（一） 高质量发展的政策背景

自经济体制改革以来，中国经济实现了飞速增长。在过去的几十年里，中国的年均 GDP 增长速度一直保持在 9% 以上，迅速崛起成为全球第二大经济体。到 2022 年，中国的国内生产总值已高达 121 万亿元，进出口总额突破 40 万亿元，稳居全球第一。随着经济的快速发展，中国迅速迈入了世界经济大国行列。然而，在进入新的发展阶段后，经济开始显现新的问题。例如，中国的人均收入水平依然偏低，经济的质量不高，科技创新能力不足，产业链技术含量较低，不能称为经济强国。这背后也体现了人民对美好生活的向往与经济发展不平衡、不充分的基本矛盾。

为了解决这一基本矛盾，并适应经济形势和国际环境的变化，我国深刻地意识到，必须转变经济发展方式，从单一追求经济增长的数量增长转向全面、协调、可持续、以人为本的质量发展。世界银行在 2000 年的发展报告中指出，经济增长的质量和速度同样重要。2003 年，中国首次提出了科学发展观，该观念旨在从单一的经济增长模式转变为全面发展，注重协调和可持续性，更加关注人民生活的改善。2007 年，党的十七大进一步阐述了科学发展观的基本要义，明确指出发展要以人为本，统筹兼顾。2012 年，党的十八大再次强调了科学发展观的重要性，坚持科学发展观并将其作为我国推进中国现代化建设的基本原则。2014 年，习近平总书记在中央经济工作会议中提出了要加快转变经济发展方式。2015 年，党的十八届五中全会首次提出了创新、协调、绿色、开放、共享五大发展理念，为经济发展方式的转变指明了方向。

在新时代背景下，2017 年，党的十九大首次提出高质量发展的新表述，并将其纳入了国家发展的战略规划中。高质量发展意味着注重提高经济增长的质量和效益，不再以单纯的经济规模为主要指标，而是以人民群众的幸福感和满意度为根本目标，追求经济、社会和环境协同发展、优化升级和可持续性。这也是中国经济发展从高速增长到高质量发展的重要转型。为了实现高质量发展，一系列政策措施陆续发布实施。一方面，加强了供给侧结构性改革，推动优化产业结构、提高供给质量和效率，加快推进创新驱动发展，加强知识产权保护，提升技术创新能力，促进数字经济和新兴产业发展。另一方面，注重提高民生水平，推进社会保障体系建设，深化教育、医疗等领域改革，提高人民群众的获得感和幸福感。中国还积极推进生态文明建设，实行更加严格的环境保护政策，加强对污染治理的力度，大力发展绿色经济和循环经济，推动经济与生态环境的协同发展。此外，积极扩大开放，推进贸易自由化和投资便利化，推进"一带一路"建设，提升国际竞争力。

总之，中国经济的高质量发展是在充分借鉴过去经验的基础上，不断创新和改革的结果，是中国对发展经济学经济发展方式理论的重大贡献。中国将持续推进高质量发展，加强创新、改革和开放，以更高的水平满足人民对美好生活的向往，为世界经济发展做出更大贡献。

（二）高质量发展的理论基础

1. 可持续发展理论（Sustainable Development Theory）

可持续发展理论起源于人类对环境保护问题的持续关注。随着时间的推移，可持续发展理论的内涵和边界得到不断地拓展和深化，逐渐超越了环境领域。可持续发展理论已经将环境问题与经济、社会发展有机结合，逐步成为一个有关经济、社会全面发展的战略。这个理论包括可持续经济、可持续生态和可持续社会三个方面，强调了人类社会在经济、社会、环境等多个领域的发展应该是可持续的。具体来说，可持续发展理论认为，人类社会的发展应该是可持续的，即不能以牺牲未来子孙后代的利益为代价满足当前经济社会需求。这意味着我们需要在满足当前需求的同时，保持对环境的保护和维护，确保资源的可持续利用，避免资源过度消耗和浪费。在可持续发展理论中，可持续经济是核心内容。可持续发展理论认为经济发展应该是以可持续性为基础的，既要考虑经济效益，也要考虑环境效益和社会效益。同时，可持续发展理论关注社会公正和社会和谐的问题，提倡实现社会公平和社会和谐，构建人类和自然的和谐共生关系（王之佳，1997）。

可持续发展理论和高质量发展之间存在相互促进的关系。首先，两者都关注发展的可持续性和效益。其次，可持续发展理论为高质量发展提供了理论基础和指导原则。可持续发展理论倡导"以人为本"、"协调发展"、"保护环境"等理念，这些理念为高质量发展提供了行动指南和原则。最后，高质量发展是可持续发展的具体实现方式之一。在实现高质量发展的过程中，必须重视可持续性的因素，包括经济发展、社会进步和环境保护。综上所述，可持续发展理论和高质量发展密不可分，高质量发展是可持续发展的具体实现方式之一，可持续发展理论则可为高质量发展提供理论基础和指导原则。

2. 社会发展理论（Social Development Theory）

社会发展理论认为，社会的发展应该是全面的，不仅要追求经济上的发展，还要追求社会进步和社会的全面发展。社会发展理论的主要内容包括：第一，人是社会发展的主体和最终目标，实现人的全面发展是社会发展的根本目标。社会发展的意义在于提高人民的生活水平、促进社会进步、推动经济发展和增强国家的综合实力。第二，社会发展理论强调以人为本，认为社会发展应该是包括经济、政治、文化、科技、环境等多个方面的协调发展，其中经济发展是社会发展的核心驱动力。第三，社会发展理论认为现代化、工业化、信息化、城镇化等都是社会发展的策略和路径。

社会发展理论和高质量发展的关系密切。一方面，社会发展理论为高质量发展提供了理论基础和支持。从宏观层面来看，社会发展理论可以探讨经济社会发展的内在机制和规律，为制定高质量发展的政策和战略提供理论指导；从微观层面来看，社会发展理论可以研究人类行为、心理、文化等方面的变化，为推动高质量发展提供人文支持和社会保障。另一方面，高质量发展可以为社会发展理论提供新的思路和创新。高质量发展的理念所强调的创新、协调、绿色、开放、共享等要素，可以推动社会发展理论向着更加创新、高效、可持续的方向发展。因此，在实践中，需要将社会发展理论与高质量发展的研究结合起来，探索出适合中国国情的高质量发展道路，为实现中国特色社会主义现代化建设提供有力的理论支持。

3. 创新驱动理论（Innovation Drive Theory）

创新是高质量发展的核心要素，在经济发展中具有重要的作用。熊彼特（1997）认为，资本主义经济的增长和发展源于内部力量的创新驱动，即是创新引起了经济增长。创新驱动能够通过不断的科技创新和制度创新来推动经济的发展，提高经济效益。为了提高创新的质量和效率，可以采取一系列的手段，如优化科技创新体系、激发创新主体活力、促进知识转化等。创新驱动对于实现高质量发展至关重要，它可以为经济增长带来新的动力和发展方向，提高经济的竞争力和持续性。因此，在制定和推行经济发展战略时，创新驱动必不可少。

高质量发展和创新驱动理论紧密相关。首先，创新驱动可以为实现高质量发展提供高技术支持，通过提高产业的附加值和创新力，促进产业结构调整和升级，实现经济的高质量发展（余泳泽和刘大勇，2013）。其次，创新驱动理论强调创新是引领经济发展的重要动力，只有不断推进科技进步、提升生产力水平，才能保持经济的持续稳定增长。而高质量发展所强调发展质量的提升，即经济发展的效率性、公平性和可持续性等都是创新驱动的重要内容。最后，创新驱动理论认为人才和创新环境是推动创新驱动的关键因素，而良好的创新环境可以吸引更多的人才和资金投入到创新领域，推动科技成果的转化和应用，这也是实现高质量发展的关键所在。因此，创新驱动理论是实现高质量发展的关键所在（金碚，2018）。

（三）高质量发展的内涵和特征

"高质量发展"自提出以来，相关政府工作报告中并未给出明确的界定。我们可从字面意思进行初步分解。"质量"来源于物理学名词，应用于社会领域之后，被广泛形容某一事物的质地、性能，以对事物的优劣进行对比分析。顾名思义，高质量是指事物应具有更好的质地和性能，能够更高程度、更好地满足人们的需求。高质量发展与经济发展相关，经济发展区别于增长，经济发展不仅强调量上的积累和增加，更强调经济、社会、环境、效率等方面的优化。因此，本书所指高质量发展均为经济高质量发展。

通过对文献的梳理，发现学者们通过不同的角度，对高质量发展的内涵进行了界定，但并未形成一致的看法。因此本书从高质量发展的内涵、特征以及内在要求等基础性问题入手，对高质量发展的概念进行界定。

1. 高质量发展的内涵

党的十九大报告指出，高质量发展是生产要素投入少、资源配置效率高、资源环境成本低、经济社会效益好的发展。由此可见，高质量发展首先是经济维度的概念。我国对高质量发展的研究是随着对其内涵认知的扩展而不断推进的。在概念提出的初期，大部分学者以经济增长速度定义高质量发展（沈敏，2018；杨伟民，2018），随着对高质量内涵的不断推进和逐步深化，高质量发展逐步被拓展为经济、社会等多方面多维度的综合性概念。因此，我国经济高质量发展，是能够更好地满足人民日益增长的美好生活需要的发展，是体现创新、协调、绿色、开放、共享发展理念的发展。金碚（2018）认为是否满足人民日益增长的生活需要是高质量发展的重要评判标准。任保平等（2019）认为高质量发展的内涵不仅包括经济发展高质量，还应包括人民生活高质量、生态环境高质量、社会发展高质量；此外，作者定义了经济发展高质量的标准，认为经济高质量发展应当包含经济发展的有效性、充分性、协调性、创新性。王一鸣（2018）提出高质量发展阶段的主要任务是增强发展的质量优势，增强经济的活力、创新力和竞争力。郭春丽等（2018）从民生视角，从投入和产出两方面考察了经济发展质量，认为高质量发展是基于实现人民日益增长的美好生活需要，实现经济总量提高、效益提升、结构优化、发展可持续及成果共享的发展。洪银兴（2019）认为高质量发展是高效率的投入和高效益的产出。孟祥兰和邢茂源（2019）指出应将五大发展理念作为高质量发展的规划依据。

由此可见，高质量发展涉及社会经济发展的诸多方面，因此有必要从多维度全面理解和把握高质量发展的内容。基于高质量发展的多维度特征，本书从以下角度对高质量发展进行概况：从宏观层面上讲，高质量发展是在新常态背景下，以满足人民美好生活需要为前提，涉及经济、社会、生态、国家治理等多方面（张军扩，2018）；从中观层面上讲，高质量发展是在经济总量达到一定规模基础上，更强调创新、协调发展，促进产业、城乡、区域各方面均衡发展的发展理念；从微观层面上讲，高质量发展强调经济效益更高、资源配置效率更高，是以创新驱动、产业升级、技术创新、绿色环保等多维度的目标为指导的可持续的发展理念。简而言之，高质量发展既包括提质增效，又包括结构优化，其最终目的是满足人民美好生活的需要。

2. 高质量发展的特征

准确把握高质量发展的概念特征，是科学设计高质量发展指标体系和政策体系的重要前提。根据前述对高质量发展内涵的分析，经济高质量发展的概念特征主要体现在：第一，高质量的经济增长。这是经济高质量发展的核心特征，它要求经济增长的速度、质量和效益都得到提高。这种增长应该是效率更高、活力更强的发展，是生态更友好，活力更强盛的可持续性的发展，而不是简单的"高速度"。第二，结构优化升级。高质量发展要求经济结构调整和升级，以优化产业结构、产品结构和区域结构至更高水平，使其更加适应市场需求和经济发展趋势。第三，创新驱动。创新是经济高质量发展的重要支撑，必须通过改革和创新，提高科技创新能力、促进产业创新和创新资源的配置效率，实现经济转型升级，并促进新业态、新模式、新战略等经济新形态不断形成与完善（辜胜阻等，2018）。第四，绿色低碳。高质量发展的环保维度要求资源节约和环境保护的绿色低碳发展。绿色低碳发展通过促进绿色技术和创新的发展，实现经济增长与生态保护的协调发展，提高社会资源利用效率（高国力和李智，2021）。第五，民生改善。高质量发展要求在发展中更加注重人民群众的福利，实现民生改善。要加强社会保障、改善医疗卫生、教育文化和住房条件等方面的基础设施建设，促进居民收入增长和消费升级，使人民群众更有安全感、获得感、幸福感。第六，全面开放。高质量发展要求加强国际合作、深化开放，实现全面开放的经济发展模式。要加强对外贸易、外商投资、科技创新和人才引进等方面的合作，加强与世界各国的交流和合作。

综上所述，高质量发展理念是"创新、协调、绿色、开放、共享"五大发展理念的高度聚合（任保平，2018；孟祥兰和邢茂源，2019；杨耀武和张平，2021；张占斌等，2022）。具体内容如图 2-1 所示。

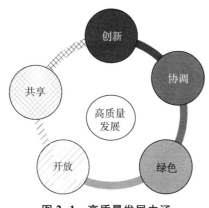

图 2-1 高质量发展内涵

二、财政支出绩效评价概述

高质量发展是中国当前和未来一个时期经济发展的核心要求，是为了实现经济可持续发展和全面建设社会主义现代化国家而提出的重要发展思路。推动高质量发展需要加强绩效评价和监管，确保实现高质量发展的目标和效果。因此，高质量发展不仅是经济增长速度的提高，还涉及经济发展的各个维度，包括经济结构的升级、技术创新的推进、环境保护和社会公平等方面的改善。同时，还要从宏观和微观两个层面来完善指标体系、政策体系、标准体系、统计体系、绩效评价和政绩考核等方面的建设，为高质量发展提供有力的制度保障。

（一）绩效评价的理论背景

绩效（Performance），单纯从字母上来理解，包含有成绩和效益的意思。在经济管理活动领域，指社会经济管理活动的结果和成效；在人力资源管理领域，指主体行为或者结果中的投入产出比；在公共部门中，一般用来衡量政府活动的效果。因此，绩效是指组织、团队或个人完成任务的效率和效果，即目标实现的程度和质量。由此衍生出了绩效管理和绩效评价的概念。

绩效评价是对组织、团队或个人绩效进行度量和判断的系统性过程，通过衡量组织、团队或个人在实际绩效与预期绩效之间的差距来识别问题，从而提高组织、团队或个人的绩效水平。绩效评价不仅可以帮助组织和个人达成目标，还可以激励人们在工作中不断提高自己的能力和水平，是组织管理和人力资源管理中非常重要的一环（张雷宝，2010）。

作为管理和决策的重要手段，绩效评价已经被广泛运用于各个领域，如企业、政府和非营利组织等。其理论背景可以追溯到20世纪50年代和60年代的管理理论和行政管理理论。当时，管理学家和政治学家开始关注如何衡量组织的绩效，以便更好地管理组织（卓越，2007；Am and Ca，2014）。

20世纪70年代，美国政府实施了一系列管理改革，以提高政府的效率和绩效。其中之一是引入了绩效评价作为衡量政府绩效的工具。绩效评价不仅衡量政府部门的效率，还包括对政策和项目效果的评估。Behn

（2003）对绩效评价的目的进行了明确的界定，认为从目的上来说，绩效评价包括控制执行、内部激励、绩效提升等方面。这些改革对绩效评价的发展产生了重要影响，并推动了绩效评价在其他领域的应用。政府绩效评价自 20 世纪 80 年代兴起以来，长期被视为政府管理的重要工具和行政管理改革发展的重要环节。根据中国行政管理学会的定义，政府绩效是政府管理活动中的效率、效果、效益和效能，呈现政府的管理服务能力和履职情况，是对政府部门在管理活动中的履职能力、公共服务质量、政务效率效果等方面的评价，以衡量投入产出绩效情况。总体来说，政府绩效评价以公众需求和结果为导向，关注政府在追求目标实现中的绩效表现，核心目的是通过绩效评价促进政府履职效率和服务水平提升（吕炜，2007）。

此后，绩效评价理论和实践不断发展和完善。学者们逐渐认识到，绩效评价不仅是一种管理工具，还应该与组织的目标、战略和价值观相一致，以实现更好的组织绩效。此外，随着信息技术的发展和数据收集和分析能力的提高，绩效评价越来越多地应用于各个领域，如医疗、教育、环境等（Fei et al.，2009；陈俊生等，2010；李燕凌和李立清，2009；张永成，2009）。

（二）财政支出绩效评价

财政支出绩效是政府绩效的重要组成部分，它涉及政府在经济管理职能履行中的效能表现，以及政府资源的利用效率。政府绩效是指政府在履行其职责的过程中所产生的结果和效益，这些结果和效益涵盖了政治、经济、文化、社会等多个方面。其中，经济绩效是政府绩效的核心组成部分，而财政绩效或者财政支出绩效是经济绩效中不可或缺的一部分，是反映政府财政管理能力和资源利用效率的重要指标。

财政绩效包括财政收入绩效、财政支出绩效以及财政管理制度绩效等多个方面，但由于政府在经济活动中的投入以及所产生的影响主要体现在财政支出的规模和结构等方面。因此，财政支出绩效通常被用来代表财政绩效（Hagemann，2011）。一般而言，财政支出绩效是指政府为满足社会公共需要而进行的财政分配活动所取得的收益与成本之间的比较关系。在这个过程中,政府需要制订合理的支出计划,并将有限的财政资源投入到最需要的领域中,以实现资源的最大化利用。因此,财政支出绩效的实质在于评价政府资源的利用效率,同时也反映政府的经济管理职能是否得到了有效的履行(Balk et al.,1989;马国贤,2009)。

财政支出绩效评价则是为了科学评估财政绩效而采用的方法和制度。从概念上来说,根据2011年财政部《财政支出绩效评价管理暂行办法》中的定义:财政支出绩效评价是指财政部门和预算部门(单位)根据设定的绩效目标,运用科学、合理的绩效评价指标、评价标准和评价方法,对财政支出的经济性、效率性和效益性进行客观、公正的评价(财政支出绩效评价管理暂行办法,2009)。在学术界,也有许多学者对财政支出评价进行了学理上的定义。马国贤(2011)认为财政支出绩效评价是根据投入产出原理,借助特定分析工具,对财政支出的效果进行分析和评价的制度。Ning等(2017)从评价有效性的角度指出,为实现财政支出绩效改善的目标,政府不仅需要设立有效且能够得到贯彻的中长期目标,还有必要建立专业的绩效委员会,并充分采纳其意见,保证评价的有效性。陈工(2013)认为财政支出绩效评价是依据相关指标体系对财政支出的效果进行分析和评价的制度。张安定和何强(2011)认为财政支出绩效评价是指在一定期限内,对财政支出目标、结果等多方面的综合评价。丛树海(2007)对财政支出绩效评价的对象进行了界定,认为评价应主要围绕效益、效率和有效性。刘昆(2016)在归纳了财政支出绩效评价理念和目标的基础上,强调在方法科学、流程规范、指标体系统一的基础上进行综合测量与分析。可见,财政支出绩效评价与政府绩效管理相关,是对以政府为主体的以提升政府效能为目的的管理活动,因此本书将其界定为,围绕政府的财政支出所引致的绩效效果而开展的一系列管理活动。

(三) 财政支出绩效评价的理论基础

由以上分析可以看出,财政支出绩效评价在理论和实践上均与社会科学发展密切相关。是涉及政治学、管理学、经济学等多种学科的交叉综合性学科。因此其理论基础也体现出多元、综合的特点。

1. 公共财政理论

公共财政是与市场经济相适应的一种财政模式，是国家为提供公共服务而进行的经济活动，具有公共性和非营利性等基本特征。从功能上说，财政实质上属于公共经济部门，在"市场失灵"的领域，满足社会公共需要，发挥着资源配置、收入公平分配和经济稳定发展等基本功能（马斯格雷夫等，2003；岳松，2008）。公共财政理论认为，在完全竞争的条件下，市场机制可实现资源的有效配置，实现国家、国民社会福利水平的最大化，而财政仅在"市场失灵"的领域满足居民的公共需要，提供公共产品。从本质上来说，公共财政的主要功能即是通过公共产品的提供，满足社会公共需要。那么从公共产品的非竞争性和非排他性出发，经济增长、社会稳定以及效率与公平均属于公共产品的范畴。

因而，财政支出的效率性就体现在居民社会公共需要是否得到了有效地满足，公共资源的使用是否高效，分配是否合理，结构是否最优，资源配置是否有效率，能否达到社会福利最大化。同时，从社会资源稀缺性的角度看，资源的稀缺性决定了资源配置效率的问题，而这正是公共财政研究的理论基点。资源的有限性迫使财政支出的配置模式及支出状况体现效率优先的原则，这也是财政支出绩效评价存在的前提。

2. 3E 原则

20 世纪 80 年代，西方国家提出了著名的财政支出绩效考评 3E 原则，即经济（Economy）、效率性（Efficiency）、效益性（Effectiveness）。3E 原则要求对财政支出资金的使用进行绩效评价，不能单独、孤立地分析其中的某一个要素，而必须从经济性、效率性和有效性三个方面进行综合考虑、分析和评价。经济性是指在购买规定相关公共物品时，要尽可能地节省成本。效率性是指在提供相应的公共服务时，应尽可能地节省资源。而效益性则是指政府应为实现它的政策和目标而提供正确的服务。这三个要素相辅相成，互相作用，缺一不可。其核心是在确保政策和目标实现的前提下，尽可能地节省资源和成本，以提高公共服务的质量和效率。

3E 原则代表了绩效评估系统多元化发展的趋势，通过建立 3E 标准体系，使得软环境评估体系更加科学化、透明化，增加了效率与绩效评估的可操作性，对公共政策评估体系的完善和发展起到了很大的推动作用（Dong and Shao，2010）。根据学者塔尔伯特（Talbot）的分析，目前，美国的行政机关运用 3E 的情形相当普遍，其中至少有 68% 的政府机关使用"效益"指标；14% 使用"经济"指标；8% 使用"效率"指标。在实际的绩效衡量过程中，通常都以 3E 指标为关键性的思考主轴。"3E"原则逐步成为财政支出绩效评价理论的基本平台和基本原则。值得注意的是，近年来，随着财政理论与管理理论的深度融合，学科间的融合认为政府作为公众的代理人，代表公众行使公共权力，不仅要考虑经济性原则，还要考虑社会公平性。因此，有部分学者提出了 4E 原则，即加入了公平性（Fairness）原则（见图 2-2）。

图 2-2　绩效评价的 4E 原则

3. 新公共管理理论

管理是人类社会中普遍存在且十分重要的社会活动。马歇尔曾明确提出"管理也是生产力"，并将管理看作生产的第四要素。管理的实质是提高组织的协作水平和运作效率的过程。新公共管理理论将现代经济学和企业管理的基本内容和方法论作为理论基础，改变了传统公共行政学的研究范式（奥斯本和盖布勒，2006）。新公共管理理论的研究以新公共管理运动为基础，新公共管理率先由英国撒切尔内阁和美国里根政府肇始，其直接目的是减少预算赤字，提高政府效率。在经济理论上，新公共管理理论吸收了经济学中"理性人"的假定，获取了绩效评价的依据（曹堂哲，2010）；从公共选择理论和交易成本理论出发，认为政府的活动应以居民为导向，保证公共产品的质量和有效性；从成本—收益分析方法中，获得了对政府活动绩效评价的目标、内容以及评估指标体系构建的依据。在管理学理论上，新公共管理理论将在企业管理中一些常见的管理方式和手段运用到公共部门中，如投入产出的重要性、组织管理目标论、企业组织形式适应论、服务型政府理论以及学习型政府组织理论等，以及在企业管理中利润获得的产品质量基础等基本理论（Hood，1991；张成福和党秀云，2007）。可见，新公共管理理论从一开始就追求更低的费用、更高的效率以实现公共目标。

总而言之，新公共管理理论认为，企业中的一些管理方法创新，如目标管理、人力资源管理和绩效管理等，可以应用于公共部门的公共管理（Halachmi et al.，1999）。虽然公共部门与企业部门在组织运行和目标方面存在差异，但是两者之间并不存在巨大差异，其共性完全可以弥补其差异。这是因为，作为一种手段性的活动，管理在不同部门之间具有共通性，管理的原则和方法既适用于企业，也适用于政府等公共部门。特别是政府的财政支出大多实行项目式管理。在正确界定公共项目成本收益的基础上，使用管理学中的成本收益核算方法等绩效评估法，可最大限度地提高政府财政资金的使用效益并促进公共政策的切实可行性。这些方法可以帮助政府在项目管理中更好地进行预算编制、项目实施和绩效评估等方面的工作，以确保政府的资金使用效益最大化。总体上，新公共管理理论认为，公共部门可以借鉴企业管理的一些方法创新，提高其管理效率和绩效，帮助公共部门更好地应对社会变革和公共管理的挑战，满足社会的需求和期望。

4. 委托—代理理论

委托—代理理论是现代企业理论的基本逻辑起点,委托—代理理论起源于现代经济中公司治理的委托—代理问题。随着人类社会的发展,到了现代社会,个人所拥有财富的规模不断膨胀,由于个人能力或精力的限制,财产所有人需要寻找代理人帮助其经营或管理资产,这就产生了委托—代理关系,财产所有人即为委托人,而受委托人所托管理委托人财产的人,则为代理人。由于委托人不直接管理自身财产,因此委托人和代理人之间极易由于信息不对称导致委托—代理问题的产生。委托—代理问题的实质是委托人和代理人之间利益不一致。举例来说,现代企业中,委托人即为大股东、中股东、小股东,而代理人则为公司内部的高管等直接掌握公司信息的内部人。对于委托人(股东)来说,企业利润的最大化是其追求的最主要目标,而对于代理人(内部人)来说,自身的利益才是其效用最大化目标。而代理人的效用最大化目标如更高的薪酬、更大的名望等可能与企业利润最大化目标并不一致。这就导致了代理成本的产生,最终损害了委托人的利益。

公共经济学认为,公共部门或政府的存在是为了满足国内居民的公共产品需求。公共部门为了提供这些公共产品需要消耗大量的资源,而这些资源来自全体公民所缴纳的税收。因此,政府实际上是代表纳税人管理公共事务的代理人,从而产生了一种委托—代理关系。作为代理人,政府有责任高效地使用纳税人的每一分钱。在政府与居民的委托—代理关系中,由于政府部门的相对强势和优势地位,"信息不对称"及利益不一致的问题可能更为严重,代理人背离委托人行为的概率也更大(马海涛,2018)。因此,为了更好地维护委托人的利益,约束和规范代理人的代理行为,提高委托—代理效率,提高财政资金的使用效率,建立和完善财政支出绩效评价机制就显得极为重要。财政支出绩效评价是对政府部门的支出进行监督和评价的一种机制。这种机制的建立可以促使政府部门提高绩效和效率,使财政资金的使用更加精准和有效。同时,通过绩效评价可以对政府部门进行约束和激励,从而减少代理人背离委托人行为的概率。绩效评价机制还可以为政府部门未来的预算编制提供参考意见，以实现财政预算的合理化。因此，建立和完善财政支出绩效评价机制对于提高委托—代理效率、保障纳税人的利益、优化财政预算分配等方面都具有重要意义。

（四）财政支出绩效评价的原则和方法

1. 财政支出绩效评价的原则

财政支出绩效是一个多维度的综合概念，不仅涉及微观效益，还涉及宏观效益，既有直接效益，还存在间接收益。与微观经济中的经济活动相比，财政支出投资规模巨大，且周期长见效慢，直接收益不明显，但间接性的社会收益与宏观收益显著。基于此，在进行财政支出绩效评价时，为准确评估财政支出效果，必须坚持相应的原则。具体包括如下几个原则：

第一，科学性原则。科学性原则要求评价必须基于科学原则和方法，确保评价结果具有可靠性和科学性。首先，评价者必须对财政支出绩效的内涵和外延有深刻的认识，对财政支出项目的收益有科学的界定。评价者需要采用多层次、多维度的评估方法，考虑财政支出的宏观收益和间接社会收益，全面评估财政支出的使用效益。其次，评价指标必须具有可操作性和可度量性，能够有效反映政策目标和实现效果的相关因素。评价者需要采用定量和定性分析相结合的方法，以确保评价结果具有科学性和可信度。评价指标的设计需要结合政策目标和实际情况，综合考虑政策效果和成本效益等因素，以确保评价结果具有参考价值和实际意义。最后，科学性原则还要求评价者必须采用透明和公正的方法进行评价，避免评价结果受主观因素的影响。

第二，目标导向原则。财政支出绩效评价的科学性取决于绩效评价的目标。绩效评价目标是财政支出绩效评价的基础和指南，能够为决策者提供准确完整的信息性指导。为此，绩效评价必须遵循目标导向原则，始终以政策目标为导向。目标导向原则要求评价过程必须始终以政策目标为导向，即将评价对象与政策目标进行对比，从而准确评估政策实施的效果和成本效益。评价者需要充分理解政策目标的具体内容，并制定与之相应的评价指标和评价方法。评价指标必须能够反映政策目标的核心要素和实现效果，同时具备可操作性和可度量性，以便评价者能够准确测量评价对象的实际效果。评价者还需要充分了解评价对象的特点和环境背景，考虑评价对象在实际操作中所面临的复杂性和不确定性，制定合理的评价方法和流程，以确保评价过程的可靠性和有效性。总之，目标导向原则是财政支出绩效评价的基础和指南，是政策制定者和决策者做出科学决策的前提。

第三，公正公开原则。公正公开原则是财政支出绩效评价的重要原则之一，评价结果必须建立在真实、客观、公平和公正的基础上，并接受法律法规的监管。为了实现公正公开的评价过程和结果，评价者必须保持客观中立的态度，避免主观偏见和不当行为对评价结果的影响。同时，评价结果必须对所有相关利益者公平可信。同时，为了确保公平公正的评价结果，有必要引入社会中介机构和相关领域专家对财政支出数据进行审计或核查，以确保评价数据的准确性和可信度。此外，评价结果必须依法公开，接受社会监督和审查，以增强评价过程的透明度和公信力。综上所述，公正公开原则是财政支出绩效评价的基本要求和指导原则，对保障评价结果的准确性和可信度具有重要意义。

第四，绩效相关原则。绩效相关原则是财政支出绩效评价的重要原则，它要求评价指标必须与评价对象的绩效目标直接相关。具体地，在实际的绩效评价中，评价必须根据具体的财政支出项目来选择适当的绩效评价指标，以反映投入与产出之间的对应关系，从而增强财政资金分配和使用的权力和责任，为相关决策提供有力的支持和指导。为了实现绩效相关原则，评价指标必须能够真实体现财政支出项目的实际效果和成效，同时具备可操作性和可度量性。此外，评价指标还应考虑政策目标、经济和社会环境等因素，以确保评价结果的全面性和准确性。绩效相关原则的实施有助于提高财政支出项目的透明度和效率，加强财政资金的管理和监督。同时，绩效相关原则也有助于提高政府部门的责任感和使命感，增强政府部门的绩效和责任意识，从而更好地为公众利益服务。

2. 财政支出绩效评价的方法

在具体的绩效评价方法上，较为常用的方法有定性的综合分析判断法以及定量的成本—效益分析法、数据包络分析法（DEA）等。常用的财政支出绩效评价方法如下：

（1）平衡计分卡法。1992年初，卡普兰和戴维诺顿在《平衡计分卡：驱动绩效评估体系》中首次提出了平衡计分卡，逐渐成为考察企业管理绩效评价的重要工具，得到了企业界的广泛接受与认可。在逐步成熟后，非营利的组织机构也开始使用平衡计分卡对组织绩效进行评价。平衡计分卡法突破了传统只关注财务指标的绩效管理方法，认为在信息时代，仅仅注重财务指标无法使企业获得持续发展的动力，基于这一认识和前提，平衡计分卡法认为，组织应从财务、客户、内部运营及学习与成长四个维度对企业的愿景和战略进行描述（Kaplan and Norton，1998；杨放，2016）。

这四个维度分别代表企业的股东、顾客、员工三个主要的利益相关者，是解决企业业绩评价及企业发展战略的重要问题的关键因素。财务指标主要反映企业战略的实施是否改善了企业的经营绩效。主要衡量指标有资本收益率、销售额等。客户指标反映目标客户的建设和获取情况，主要衡量指标有客户满意度、目标市场份额、客户保持率、客户获得率等。内部运营指标主要包括内部业务流程价值链以及创新业务流程，反映现有业务是否得到改善、长期产品价值是否创新。学习与成长目标是整个企业战略目标的基础和关键因素，也是其他三个维度目标实现的基础因素。学习与成长目标主要涉及企业的基础设施如人、系统等方面的投资，包括员工技术的更新，组织程序的规范等，主要衡量指标为员工满意度、员工保持率、员工培训和技能等。具体流程如图2-3所示。

（2）项目绩效评估等级确认方法（PART）。美国联邦政府的管理与预算局（OMB）于2002年公布了项目绩效评估等级确认方法（Program Assessment Rating Tool，PART），并于2004财年开始应用于联邦政府所有支出项目的绩效评估和绩效等级确认活动。PART的实质是评估政府支出项目绩效优劣的一个会计责任工具，这种方法有利于政府部门实施科学有效决策的工作方法，追求积极的经济效果，并以此为载体提升政府的治理能力（Vassia et al.，2008）。

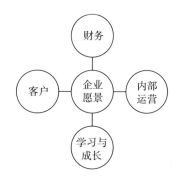

图 2-3 平衡计分卡法的基本内容

在形式上，PART 由精心设计的 25 个"提问"所组成，目的在于对联邦项目的表现进行评估并提出改善意见。在内容上分为四组：①项目目标和设计，意在检验项目的目标和设计是否清晰可靠（占比 20%）；②战略计划，反映项目在长期中是否有效，目标是否达成（占 10%）；③项目管理，从项目管理有效性的角度对支出进行评估，包括财政分析和项目提高努力（占 20%）；④项目结果及可行性，此部分主要是基于支出目标和支出效益对以上三个目标的重复审查（占 50%）。PART 的评估结果分为四个不同类型：得分在 85 分以上的，项目评定为"有效"；得分在 70~84 分的，项目评定为"基本有效"；得分在 50~69 分的，项目评定为"适当"；得分在 0~49 分的，项目评定为"无效"。

项目绩效评估等级确认方法侧重于对项目表现和项目实际效果的评估和衡量，在实际运用中，PART 被认为较适用于中小型财政支出项目（张强等，2006）。由于其在美国的成功运用，苏格兰、泰国及中国等国在一些财政支出项目的评价中也进行了有益的探索和实践。

（3）因素分析法。前述两种财政支出绩效评价方法在方法论上属于定性分析方法，在定量分析中较多采用因素分析法，即将影响投入和产出的各项因素收集起来，计算投入产出比，进行综合分析评价的方法。因素分析法用于财政支出绩效评价较多的是数据包络分析法（DEA）、层次分析法（AHP）、因子分析法等（余振乾和余小方，2005；张雷宝，2007；汪柱旺和潭安华，2007；刘穷志和卢盛峰，2009）。其中，数据包络分析法（DEA）因方法上的简明性，操作上的简便性和应用领域的广泛性等优点，在财政支出绩效评价领域得到了广泛的应用（余学林，1992）。

数据包络分析法（Data Envelopment Analysis，DEA）是一种非参数效率评价方法，用于评估相对效率和技术效率的前沿。它可以用于评估各种不同类型的单位（如公司、银行、学校、医院等）的绩效和效率。DEA 方法不需要任何先验知识或特定的函数形式，因此它可以很好地处理各种复杂的现实问题。

DEA 的基本原理是将输入和输出转换为一个单一的综合指标，从而对单位的效率进行评估。该方法的基本假设是，每个单位可以通过对其输入和输出的不同组合进行加权来获得其最佳绩效，而这些加权比例可以表示为一个线性规划问题。通过计算每个单位与效率前沿的距离来衡量它的相对效率，距离越小表示相对效率越高。使用 DEA 方法，可以确定哪些单位在最优前沿上，哪些单位落后于最优前沿。

DEA 模型的基本步骤是：构建数据的生产可能集，并确定生产前沿面。假设有 n 个具有可比性的决策单元（DMU）进行效率评价，每个 DMU 都有 m 种投入要素和 s 种产出结果。将决策单元 DMU_j 记为第 j 个决策单元，$1 \leqslant j \leqslant n$；$X = x_{ij}$，表示 DMU_j 对第 i 种产出的投入量，$i > 1$；Y_{rj} 为 j 对第 r 种产出的投入量，$r > 0$。V_i 表示第 i 种投入的权重，u_r 为第 r 种输出的权重，每个 DMU 对应的效率评价公式如下：

$$h_j = \frac{\sum_{r=1}^{s} u_r y_{rj}}{\sum_{i=1}^{m} v_i x_{ij}}, \quad i = 1, 2, 3, \cdots, m; \quad r = 1, 2, 3, \cdots, s;$$

$$j = 1, 2, 3, \cdots, n \tag{2-1}$$

DEA 方法有多种扩展和变体，可以用于处理不同类型的效率评价问题。包括有随机前沿分析、三阶段 DEA、超效率 DEA 等方法。

三、高质量发展与财政支出绩效的
理论联系与互动机制

（一）财政支出绩效评价与高质量发展的理论联系

财政支出绩效评价和高质量发展之间存在着密切的理论联系。财政和财政支出是推动高质量发展的主要驱动力，政府的财政支出绩效情况决定了高质量发展的水平和政府的公共服务效率。高质量发展的实施有助于推动自上而下的公共财政体制的完善，提高财政经济效率和财政配置职能的优化和改善。

1. 财政支出绩效评价是高质量发展的重要支撑

高质量发展创新、协调、绿色、开放、共享的理念，需要更多更有效的公共服务和公共产品的供给来支持，而更高质量和规模的公共产品和服务，需要国家强大的财力支持，以往单纯地依靠数量、规模的"大水漫灌"式的财政支出显然不能有效地实现高质量发展（白景明，2022），且在当前减税降费的大背景下，财政收入持续下降，财政压力巨大，我国财政已经到了"过紧日子"的困难阶段，可用财力与社会需要之间存在巨大差异（贾康，2020）。因此，在财政收入增长乏力，财政支出压力持续加大的背景下，财政政策提质增效迫在眉睫（曾金华和董碧娟，2020）。一方面，在公共资源有限的情况下，财政支出绩效评价能够确定资源的优先分配方向，实现最优的资源配置，提高财政支出的效率和效益，为高质量发展所需的公共服务和公共产品的供给提供坚实的财政支撑。另一方面，通过财政支出绩效评价能够发现资源配置存在的问题，避免浪费和不必要支出，及时进行调整和改进，使各生产要素在资源配置中达到最佳的运行状态，推动国民财政的稳定增长和社会经济的全面发展，保证公共服务和公共品的供给质量，从而推动高质量发展的实现。

2. 高质量发展是财政支出绩效评价的目标

党的十九届五中全会指出，"十四五"时期经济社会发展要以推动高质量发展为主题，必须把发展质量问题摆在更为突出的位置，着力提升发展质量和效益。由此可见，高质量发展的目标从一开始就体现了绩效的内涵。具体地，首先，高质量发展体现了公平性。高质量发展强调人民的全面发展，强调人民福祉的增加，要求全民能够分享发展的成果，实现经济社会发展的包容性和普惠性。其次，高质量发展体现了效率性。高质量发展要求摒弃过去我国经济发展中过度地依赖资源的高投入和环境的高污染的发展方式，实现创新驱动，体现绿色环保的协调发展，最终实现全要素生产率的提高。最后，高质量发展体现了可持续性。可持续性是经济高质量发展的根本要求，是推动经济发展的内生动力。可持续的发展是实现新动能、新业态的基础，是克服不平衡、不充分的经济发展问题的主要途径。由此可见，高质量发展是新发展阶段的发展方向，在这个过程中，完善资源配置，不断提升经济发展效率与效益，就显得非常重要。这一目标具体到财政管理上，就体现为对财政预算支出的审查和财政支出效率的提升。

（二）财政支出绩效评价与高质量发展的互动机制

财政支出绩效评价与高质量发展相互促进、互动密切。财政支出绩效评价是对财政资金使用效果的评价和监督，是确保公共资源使用有效性和效率的重要手段。而高质量发展则是指以创新驱动、质量提升、效率提高和结构优化为核心的发展方式，是推动国家经济、社会和环境可持续发展的重要方向。

1. 财政支出绩效评价的强化和优化，有利于高质量发展目标的实现

首先，通过财政支出项目的绩效评价，可以清晰地了解各项支出项目的效率和资金使用情况，提高财政资金使用的效率，从而为高质量发

展提供更好的财力保障。其次，财政支出绩效评价不仅可以反映财政资金的使用效果，还可以通过绩效评价结果的反馈，完善财政支出政策，优化支出结构，更好地支持科技创新和产业升级，为高质量发展提供更多的动力和支撑。再次，财政支出绩效评价可以促进公共服务质量的提升。公共服务质量是高质量发展的内涵之一。通过对公共服务领域的财政支出项目的评价，可以了解公共服务提供的状况，促进公共服务水平和服务质量提升，更好地满足人民群众的需求，实现高质量发展。最后，高质量发展以可持续发展为基础。财政支出绩效评价通过反映环境保护和可持续发展的情况，能够促进高质量发展中可持续发展目标的实现。

2. 高质量发展也可以促进财政支出绩效评价的实施

首先，高质量发展要求优化产业结构、提升经济效益和改善人民生活水平，这就需要财政资金的优化配置，把财政资金更加有针对性地用于支持创新、产业升级、民生保障等方面，从而提高财政支出项目的效益和绩效。其次，高质量发展可以加强财政资金的监督和管理。高质量发展要求提高财政资金使用效率，避免不必要的支出，这就需要对财政资金的监督和管理，确保财政资金的合理使用和有效管理，从而提高财政支出项目的绩效和效益。最后，高质量发展可以促进财政支出绩效评价更加深入和科学。高质量发展要求不断提高经济、社会和环境的效益，这就需要对财政支出绩效评价采用更为科学和全面的手段和方法。

综上所述，财政支出绩效评价与高质量发展是相互促进、互动关系密切的两个方面。财政支出绩效评价的实施可以促进高质量发展的实现，而高质量发展也可以促进财政支出绩效评价的深入开展和实施，从而共同推动经济、社会和环境的可持续发展。

四、本章小结

　　本章从理论的视角分析了高质量发展和财政支出绩效评价的相关问题。首先，介绍了高质量发展的政策背景，并以此为基础分析了高质量发展的理论基础及其内涵和特征。从理论分析的结果来看，高质量发展以可持续发展理论、社会发展理论、创新驱动理论为基础，是我国全面建设社会主义现代化国家的首要任务和重要的发展方向和战略目标。高质量发展从内涵上来说，包含了创新、协调、绿色、开放、共享五大发展理念，这五个维度是推动高质量发展的关键。其次，财政支出绩效是衡量政府财政支出效率的重要指标，是财政管理的重要概念和工作，这一概念融合了经济学及管理学等诸多学科的内容，以多学科理论如经济学的公共财政理论、管理学的3E理论、新公共管理理论、委托—代理理论等理论为基础建立，依据财政支出绩效评价的科学性、目标导向性及绩效相关性等原则，采用相关的绩效管理评价方法，对政府财政支出的投入产出效益和资源配置效率进行综合评价，并以评价结果衡量政府治理绩效。最后，高质量发展目标和财政支出绩效相互关联、相互依存。财政和财政支出是推动高质量发展的重要驱动力，财政支出绩效评价的强化和优化，有利于优化支出结构，更好地支持科技创新和产业升级，为高质量发展提供更多的动力和支撑，促进公共服务质量的提升。高质量发展也可以促进财政支出绩效评价的实施。高质量发展目标的实现要求提高财政资金使用效率，需要对财政资金的监督和管理，确保财政资金的合理使用和有效管理，从而促进财政支出绩效评价更加深入和科学。

第三章

高质量发展视域下财政支出绩效评价体系的构建

在新的发展阶段，我国经济正在经历深刻转型和变革，其中，高质量发展是我国当前社会经济发展中的重要战略任务和主要发展方向。在实现高质量发展目标的过程中，政府的财政支出至关重要，财政支出是实现政府发展目标的主要手段和载体，是政府实现经济增长、提高社会福利、改善民生的重要工具，更是实现高质量发展目标的关键因素之一。

近年来，随着中国经济转型升级，财政支出的规模和范围都在不断扩大，财政支出涉及的领域越来越广泛。政府的财政支出项目繁多，政策目标多样，各个领域都需要巨额的财政支出投入以实现其发展，因此如何提升财政支出的使用效益，使有限的财政资金用于亟待解决的领域，实现高质量发展目标，就显得至关重要。此外，在当前减税降费的背景下，财政收入持续下降，而财政支出的需求并没有下降，收支之间缺口巨大，从这一方面来讲，财政支出的绩效提升问题在当前减税降费大背景下也具有重要的现实意义。因此，新的发展阶段和发展格局下构建科学、合理的财政支出绩效评价体系具有意义深远。

本章探讨如何构建适应当前高质量发展阶段下的财政支出绩效评价，在介绍财政支出绩效评价模型的构建原理和方法基础上，探讨构建财政支出绩效评价指标体系的设计思路和方法，以及如何将高质量发展的理念与财政支出的实际情况相结合，以期为政府部门的决策和管理提供科学依据。

一、我国财政支出绩效评价的现实分析

财政是国家治理的基石，是实现最高决策制定的战略目标成功实现的基础，也是政府有效履行其职能的财力保障。经济体制改革以来，我国的经济发展和政府的管理不断变革和创新，财政治理的工具也不断深化和创新。在财政支出效益方面，直接体现为以提升财政支出绩效为主要内容的预算绩效管理改革的全面推进。预算绩效管理是推进国家治理体系和治理能力现代化的内在要求，是优化财政资源配置、提升公共服务质量的关键。财政支出绩效评价是预算绩效管理的关键环节和重要工具，其本质是对财政支出的行为过程及其效果的综合衡量与评判（陈学安和钟红菲，2004），更是财政治理现代化的重要组成部分，在实现财政科学化、精细化管理，提升财政资金使用效益方面发挥了重要作用。

（一）财政支出绩效评价的发展

财政支出绩效评价是在现代公共财政理论建立后，政府职能不断扩大和加强，政府财政支出的规模越来越大的基础上逐渐受到重视的。西方国家较早认识到了对政府支出进行绩效评价的重要性，因此对财政支出绩效评价工作的起步较早，1906 年，Bruere 等在美国纽约成立了市政研究局，开始探索提高政府效率的有效途径，开启了政府绩效评价工作的先河，在政府绩效评估的历史上具有里程碑式的意义（朱立言和张强，2005；王克强等，2006）。

20 世纪 30 年代以来的经济大危机，使得政府干预经济成为经济发展过程中的重要手段，政府职能随之不断扩大，政府行政权力不断加强，政府的财政支出规模也不断膨胀。对政府治理及公共管理的关注日益增加。

同时，70年代后，西方出现了石油危机，经济普遍衰退，财政收入不断下降，再加上过重的国家支出负担，西方国家的财政赤字水平不断增加，西方各国面临着极大的财政困境。为摆脱财政困境，提高政府支出效率，西方各国掀起了政府改革运动的浪潮，这一改革浪潮的核心即为起源于英国、美国等国的"新公共管理运动"，并逐步扩展到全世界。新公共管理运动的主要内容包括政府职能的相对收缩、规范政府内部管理等。其中政府支出的绩效评价是政府内部管理改革的重要组成部分。在此背景下，为了更好地控制政府支出规模，提高财政资金的使用效率，西方国家逐步关注财政支出项目的有效性（姚凤民，2006）。1966年，美国政府开始将政府审计重心从关注财政支出合法性和合规性的经济审计，转向经济性、效率性并重的绩效审计，绩效评价随之开始进入快速发展阶段。

1973年，为了使政府等公共组织的绩效评价更加系统、经常和规范，尼克松政府颁布了"联邦政府生产率测定方案"，由劳工统计局依据3000多个绩效指标对各部门的工作绩效逐一测定分析。1979年撒切尔任命雷纳爵士为首相效率顾问，并设立"效率工作组"，对英国各中央政府部门的运作情况进行全面的审视和评价，据此拟定提高政府部门经济和行政效率水平的具体方案和措施。这就是英国著名的"雷纳评审"。通过数年的"雷纳评审"，英国政府初步树立了绩效和成本意识。1982年，撒切尔政府又公布了"财务管理新方案"，在管理体制、机构设置、资源分配等方面提出了一些新原则、新观念。在此浪潮下，西方各发达国家相继出台了有关的绩效改革方案。1983年，英国卫生与社会保险部提出了包括近140个绩效指标的较为系统的绩效评估方案，应用于英国的卫生公共服务部门的绩效评估。1983年，澳大利亚政府出版了《改革澳大利亚公共服务白皮书》，并要求澳大利亚各公共服务部门开展绩效评估工作。

总体来说，从20世纪90年代开始，世界各国已经基本上建立了较为完善的财政支出绩效评价管理制度和指标体系，并对政府部门展开了广泛的财政支出绩效评价工作。这一阶段财政支出绩效评价的主要内容可总结为以下几点：一是制度化。各国都为财政支出绩效评价制定了许多相关的法律或法规，并严格执行。如 1997 年布莱尔政府的《综合支出评审制度》、2011 年的《预算责任和国家审计法》，以及每年公布的《财政可持续性评估报告》等（陈学安和钟红菲，2004）。二是指标化。财政支出绩效评价的科学和可靠离不开指标体系的规范化和科学化，指标体系是财政支出绩效评价的基础和支撑。基于此，各国都非常重视财政支出指标体系的科学构建。美国在 1993 年就颁布了《政府绩效与结果法案》。澳大利亚为绩效评价公布了《澳大利亚政府以权责发生制为基础的目标和产出框架：审查指南》等。三是普遍化。普遍性主要体现在财政支出的绩效评估已经成为国家公共部门组织管理的常态性行为，定期进行，并贯穿政府公共部门活动的全过程（薛桂萍，2011）。例如，加拿大政府规定联邦政府各部门要制定《部门战略规划及预期结果》，每年都要对本部门进行绩效评价，将评价结果与《部门战略规划及预期结果》进行对比和分析。表3-1 是美国政府电子政务绩效评价的部分指标。

表 3-1　美国政府电子政务绩效评价指标（部分）

评价目标	评价领域	评价类别
部门优先目标 部门战略目标 跨部门优先目标	用户关系	用户预期
		用户投诉
		用户问题解决
		用户影响或负担
		用户黏性
		用户培训
		用户使用
	服务和产品	服务/产品范围影响或负担
		服务/产品质量
		服务/产品可用性
		服务响应
		服务/产品价值
		服务/产品对用户的影响或负担

续表

评价目标	评价领域	评价类别
部门优先目标 部门战略目标 跨部门优先目标	效率	投资回报
		收入收集
		资源利用
		资产利用
		生产力
	财务流程	服务成本
		产品成本
		节约成本
		规避成本
	管理流程	监督管理
		公共物品的创造与管理
		材料管理
		库存控制
		人力资源管理
		财务管理
		资产管理
		战略与绩效管理
	过程有效性	时间表
		资源分配
		时效性
		资源消耗
	绩效质量	投诉
		改进
		创新
		质量管理

资料来源：李灿强. 中美电子政务绩效评价比较研究［J］. 电子政务，2017（3）.

（二）我国财政支出绩效评价的发展历程

许多发展中国家也在不断地研究如何构建科学的财政支出绩效评价制

度体系。在 1998 年我国确立了公共财政管理体系后，预算管理开始了实质性的改革，2013 年为适应国家治理现代化，新一轮的政府预算改革开启。依据我国预算管理制度的演进，本节梳理了我国财政支出绩效评价的发展进程。

1. 简单的财政支出管理时期（1949～1978 年）

我国的财政支出绩效评价问题与财政支出管理的发展和演进密切相关，是在财政支出管理制度的不断完善中逐步建立和完善的。

我国相对简单的财政支出管理时期，即指统收统支财政管理时期（1949～1978 年）。这段时期处于百废待兴时期，在国家形势稳定后，我国参照苏联模式实行计划经济体制，财政支出的管理自然而然地采用了与计划经济相适应的支出管理方式。这套管理制度中，计划在资源配置中起着决定性的作用，而财政支出及预算作为计划的反映，则是实施经济计划的重要政策工具。在计划经济体制下，财政只是简单地履行国家的经济计划和支出计划，很少有实质性的财政管理或财政式的治理行为，财政支出管理相对简单，相应的财政支出效率的问题并未成为这一时期的重点。随着我国经济体制的改革开放，财政支出管理不断完善，财政支出绩效评价问题逐渐被重视。

2. 转轨和过渡时期（1979～1998 年）

这一时期我国开始了经济体制改革的实践，计划经济开始向市场经济有序转变，改革反映到财政管理方面，体现为财政包干制度的实施。财政包干制的实施旨在激发地方政府的发展意识，给予地方政府更多的自主性和积极性。包干制逐步打破了统收统支的财政支出管理，在财政支出方面，逐渐打破了管理垄断并释放了更多的活力。随着我国经济体制的改革开放，从 20 世纪 80 年代开始，财政支出管理不断完善，财政支出绩效评价问题也逐渐被重视，并逐渐走向规范化和科学化的方向。

1982 年，党的第十二次全国代表大会提出要在提高经济效益的基础上实现世纪末国民生产总值翻两番。财政支出效益及其评价问题开始受到广泛关注。1993 年，中央文件首次提出"效率优先，兼顾公平"的原则，效率成为重要的政策话语，财政支出的效率、效益也日益成为了关注的重点。这一时期，财政支出项目评价开始作为一种重要的财政管理工具逐步得到了认可和运用。同时，为指导财政支出评价的实践，国家各部门逐步完善了相关的财政资金管理制度。例如，国有企业的固定资金供应制度和流动资金供应制度、基本建设拨款制度等。此外，相关部门也出台了不同的指导意见或规定。例如 1987 年国家计划委员会等单位颁布的《关于建设项目经济评价工作的暂行规定》、《建设项目经济评价方法》、《建设项目经济评价参数》及《中外合资经营项目经济评价方法》、《关于开展 1990 年国家重点建设项目后评价工作的通知》等。虽然这一时期对财政支出的管理并没有明确提出"绩效评价"等相关的字眼或概念，但这些规章制度及政策所指代的具体内容已经突破了传统的强调财政支出合法、合规的财政支出管理框架，其评价内容已开始触及财政支出在经济性、效益性等方面的表现，初步具备财政支出绩效评价的特征。

为了扭转多年的财政包干体制下的中央财政支出和中央财政收入在财政收入和国民生产总值中比重（两个比重）日渐下降的不利局面，增强中央政府的宏观调控能力，也为了适应社会主义市场经济体制下的效率优先发展战略，我国于 1994 年实施了分税财政体制改革，即分税制改革。随着分税制改革，经济分权得以规范，同时财政分权也日渐科学，由此开启了分税财政体制下的财政支出管理的改革序幕。具体的政策表现有：部门预算、收支两条线及政府采购等预算管理体制改革，旨在规范财政支出流程，提高财政资金使用的透明度和提升财政资金的使用效率。同时对财政支出和财政收入进行了分类管理，财政支出的管理改革由此进入了萌芽阶段。

总体来说，在这个阶段，随着财政支出管理制度的逐步规范化和科学化，财政支出绩效评价地位和重要性不断提升。同时，财政管理部门逐渐认识到，财政支出绩效评价只有建立在科学的制度化和规范化的基础上，其作用才能充分发挥。因此，逐渐建立起来的财政支出绩效评价制度为财政支出的有效管理和治理提供了重要的参考依据。然而，这一时期的局限性在于，财政支出绩效评价尚未实现体系化和规模化。具体体现在：没有形成统一的评价标准和方法，缺乏有效的财政支出绩效评价机制和体系，评价结果的应用和反馈不够及时有效，等等。另外，由于我国的市场经济改革还处于初级阶段，财政支出主要由政府直接决策和实施，缺乏市场竞争机制的制约和促进，这也限制了财政支出绩效评价的广泛应用。总之，这一时期是我国财政支出绩效评价制度发展的重要阶段，为财政支出绩效评价体系奠定了基础。

3. 预算支出绩效评价推进阶段（1999~2017 年）

1998 年，财政部建立了投资评审体系，标志着我国财政支出绩效管理的正式开启。在这一时期，东南亚金融危机波及我国，为实现经济的软着陆，政府的投资性支出规模飞速扩大，公共支出项目的种类日益增加，随着公共支出规模的不断扩大，财政支出的效率问题开始受到社会公众的广泛关注。同时，公共财政理念逐步开始得到政府和理论界的广泛认可，理论和现实的共同发展，使得财政支出绩效评价成为各级政府监管政府支出的重要工具。进入 21 世纪后，财政部提出了要建立财政支出绩效考评工作体系，推动我国财政支出绩效评价进入了新的发展阶段。在考察各个国家较为成熟的绩效评价机制的基础上，财政部提出了我国实行财政支出绩效评价的具体方案，并且选择了部分地区作为绩效评价工作的试点地区，审计部门相应开始了对一些公共支出项目的绩效评价工作。2003 年，在《中共中央关于完善社会主义市场经济体制若干问题的决定》中，明确提出了"改革预算编制制度，完善预算编制、执行的制衡机制，加强审计监督，建立预算绩效考评体系"，财政支出绩效评价成为我国财政工作的重要内容。2004 年，财政部出台了《财政支出绩效评价管理暂行办法》和《财政部关于进一步推进中央部门预算项目支出绩效评价试点工作的通知》等相关文件，并组织相关部门进行了预算绩效评价管理工作。财政部教科文等部门相继出台了具体的项目支出考评管理办法。2005 年，又出台了《中央部门预算支出绩效考评管理办法（试行）》。2008 年，《中共中央关于深化行政管理体制改革的意见》指出，"要建立行政问责制度和绩效评估体系"。2011 年，政府绩效管理工作部际联席会议制度建立，选择北京、广西、四川等 8 个地方政府和财政部、国土资源部、环境保护部等 6 个中央部委开展地方政府和部门绩效管理试点工作。2014 年，新《预算法》颁布，不仅在内容上强调了"讲求绩效"、"勤俭建国"等新原则，并正式以法律形式确立了财政支出绩效评价的法制化财政管理的工具地位。紧接着，在 2015 年出台了《中央部门预算绩效目标管理办法》和《中央对地方专项转移支付绩效目标管理暂行办法》等更加具体的政策支撑依据，绩效评价逐渐成为各级政府和公共部门的规定动作。

这一时期是我国财政支出绩效评价的快速发展和逐步规范化科学化的阶段，这一阶段使绩效理念深入人心，并使得财政支出绩效评价从项目评价迈向了全过程预算管理和综合评价管理阶段。具体的工作成效体现在以下几个方面：第一，财政支出绩效评价试点地区迅速铺开，并在管理机构建设和制度体系构建方面取得了巨大飞跃。广东省财政厅在 2004 年率先成立绩效评价处，作为财政支出绩效管理专门机构。随后相继有 8 个副省级以上绩效管理试点地区建立起了相应的管理机构，并以高层次领导作为主管领导。第二，逐步完善和规范了财政支出绩效评价的工作体系。在试点地区的探索实践中，财政支出绩效评价的评价主体、评价对象、评价方法、评价指标体系相继得到构建和完善。第三，评价对象逐步扩大。这一阶段，财政支出绩效评价的对象不再局限于重点的财政支出项目，还包括基本支出在内的财政部门的整体支出，以及社会影响、经济影响较大的项目均成为绩效评价的对象。同时，纵向的财政转移支付资金也成为了财政支出绩效评价的目标。总体来说，这一时期不仅实现了财政支出绩效评价体系的探索和发展，也为绩效评价的规范化奠定了基础。

1998~2017 年我国部分财政支出绩效政策汇总如表 3-2 所示。

表 3-2　1998~2017 年我国财政支出绩效政策汇总（部分）

年份	文件颁布机构	文件名
1999	全国人大	《关于加强中央预算审查监督的决定》
2004	财政部	《财政支出绩效评价管理暂行办法》 《财政部关于进一步推进中央部门预算项目支出绩效评价试点工作的通知》

年份	文件颁布机构	文件名
2005	财政部	《中央部门预算支出绩效考评管理办法（试行）》
2009		《财政支出绩效评价管理暂行办法》 《财政部关于进一步推进中央部门预算项目支出绩效评价试点工作的通知》
2011		《财政部发布关于推进预算绩效管理的指导意见》
2012		《预算绩效管理工作规划（2012—2015）》
2013		《预算绩效评价共性指标体系框架》
2014	全国人大	新《预算法》
	国务院	《关于深化预算管理制度改革的决定》
	财政部	《关于进一步加强财政支出预算执行管理的通知》 《地方财政管理绩效综合评价方案》
2015		《中央部门预算绩效目标管理办法》 《中央对地方专项转移支付绩效目标管理暂行办法》
2016	国务院	《国务院办公厅关于对真抓实干成效明显的地方加大激励支持力度的通知》 《关于进一步推进预算公开工作的意见》
	财政部	《财政管理绩效考核与激励暂行办法》
2017	财政部	《关于进一步完善中央部门项目支出预算管理的通知》

4. 全面实施预算绩效评价管理的新时期（2018年至今）

由表3-2可以看出，2011年后，我国进入财政支出绩效评价政府颁布的密集期，这说明国家层面上对预算绩效或财政支出的绩效评价工作日益重视。2017年，党的十九大报告搭建了"全面实施绩效管理"的改革框架和顶层设计的部署，将全面实施绩效管理提高到了新的理论高度和国家管理高度。2018年，国务院颁布了《中共中央　国务院关于全面实施预算绩效管理的意见》这一里程碑式的重要文件，对财政支出绩效评价进行了提纲挈领式的指导，标志着预算绩效评价的全面启动和正式实施。紧跟着中央的步伐和要求，各省开始陆续对中央的"全面实施预算绩效管理"进行回应，逐步发布了地方实施财政预算绩效管理的相关政策文件和指导意见。至此，我国全方位覆盖的预算绩效评价体系基本成型，覆盖全过程全周期的财政绩效管理链条得以完善和形成。

在财政支出绩效评价全面发展的全覆盖时期，具体的改革和做法包括：第一，从政府的公共职能属性出发，在纵向上，将财政预算绩效管理的范围从特定的支出项目延伸至全部的四本预算，真正地实现了全面的绩效评价全覆盖。例如，广东省中山市和南海区作为较早进行财政支出试点改革的地区，在全覆盖时期，进一步将绩效评价的内涵拓展创新，建立了动态评价调整机制，针对实施周期超过一年的项目进行全程跟踪追效，对绩效较低的项目实现及时的清理，完善了财政支出项目退出机制。第二，将财政绩效评价理念和工作从早期的仅对结果的关注，延伸到财政绩效评价开始之前和项目管理过程中，实现了绩效管理在整个支出项目中的贯穿和融合。例如，河北省在财政支出项目进行之前就进行了"先审绩效、再审额度"，实行对偏离政府部门主要工作目标和总体绩效目标的项目不安排，绩效指标不明确的不安排，绩效偏低的少安排或不安排的管理政策；福建省在支出部门自行监控的基础上，对项目执行进度、绩效目标实现程度进行全程的跟踪管理。第三，将信息化等技术手段引入财政支出绩效评价工作中来，完善了绩效评价信息系统的开发和应用，为全面绩效管理的综合系统的建立提供了信息基础和技术支持。总体来看，2018年以来的这段时期是财政预算绩效管理蓬勃发展的阶段，在这一时期，我国的财政绩效评价进入了常态化、规范化和精细化的新阶段。在这一阶段，各个地方政府在财政支出绩效评价方面的探索和实践，为进一步实现财政预算绩效评价提供了诸多有益的思路和措施。

本阶段地方政府部分财政绩效管理政策汇总如表3-3所示。

表3-3　地方政府财政绩效管理政策汇总（部分）

地区	特点	内容
广东	科学发展、分类考核，引入外部评价	突出统筹协调、全面发展；根据全省各地区特点，设立不同的评价指标体系和权重
深圳	政府绩效	构建多元评价主体，注重过程控制，实现结果导向；采用信息技术手段，实时反馈评价结果；激励与问责相结合

续表

地区	特点	内容
湖北	考核常态、目标细化	建立绩效评价结果应用机制、重视正向激励、考核常态化
浙江	目标考核、绩效导向	引入第三方评价，绩效管理全程化，并实施绩效跟踪
福建	效能考核	关注经济、社会、环境、文化、政府自身建设及可持续发展等重大战略问题，充分体现"以人为本、全面、协调、可持续"的科学发展理念

资料来源：根据郑方辉和段静（2012）、梁新潮和施锦明（2017）总结得到。

（三）我国财政支出绩效评价的现状分析

1. 我国财政支出绩效评价的阶段性成果

经过十几年的探索和实践，我国的财政支出绩效评价工作取得了巨大的进步，从中央到地方的财政绩效管理评价体系基本形成。目前，在中央层面上的财政已经初步构建了一般公共预算和项目支出为主的绩效管理体系，基本确认了立项有依据、绩效有目标、评价有指标、结果有应用的全过程绩效管理，为全面实施预算绩效管理奠定了良好的基础。具体体现在以下几方面：

（1）绩效评价的范围不断得到拓展，绩效评价取得较好效果。2021年，102个中央部门向社会公开了决算，这一数量较上年无论是在范围上，还是力度上都有较大提升，并在2021年首次对国有资本经营预算的绩效评价情况进行了公开说明。据统计，2021年随同中央决算向全国人大常委会报送的项目绩效自评表的数量增长到586个，比上年增加了93个。财政部对72个项目涉及科技、文化等重点领域的支出项目进行了重点评价，涉及资金1.3万亿元。同时，首次将中央本级基建投资项目、中央本级国有资本经营预算项目、地方政府专项债券项目等纳入评价范围，新增工业和信息化部、生态环境部、农业农村部等部门开展整体支出绩效评价试点。同时，2021年财政部选择了36个重点项目绩效评价报告，随同2021年中央决算报告提交全国人大常委会参阅，报告数量比上年增加7

个，涉及资金 6000 多亿元。同时，根据《国务院关于 2021 年中央决算的报告》要求，将对绩效评价较低的项目和考核结果较差的部门，在安排 2022 年预算时按照一定幅度分档压减，同时推动解决存在的问题，形成评价、反馈、整改、提升的良性循环。

（2）评价主体日趋多元，评价指标体系不断完善。为保证财政支出绩效评价的科学性和规范性，各地方政府引入了多元的评价主体。例如，广东省以政府购买公共服务的形式引入第三方绩效评价机构，并致力于培育一批第三方评价机构。辽宁省为提高预算绩效管理水平，解决辽宁省预算绩效管理中存在的目标制定不科学、指标量化程度低、指标设定不规范等问题，制定了《辽宁省预算绩效指标体系（2020 年版）》，为财政支出绩效预算管理编制了一本"说明书"。广东省则早在 2018 年就制定公布了包括 20 个大类、52 个子类、2589 个绩效指标的《广东省财政预算绩效指标库》，为广东省科学全面评价各部门绩效提供了必要的基础条件。广西壮族自治区 2021 年建立了自治区本级分行业分领域的共性绩效指标体系和分部门绩效指标体系两部分。共性绩效指标有会议培训、设备购置、信息系统建设运维、印刷出版等 20 类；分部门绩效指标体系涉及教育、卫生健康等 96 个部门行业类别；共梳理归纳各类指标 17000 多条。并使用现代信息化技术手段，将指标体系导入财政预算管理一体化系统，从技术和规范性上为广西的预算绩效管理的全面实施提供了支撑和技术保障。

（3）财政支出绩效评价机制及制度不断完善。山东省对绩效评价工作实行动态调整，高效应用的政策。山东省将省本级的绩效评价指标体系导入预算管理一体化系统，并向省直部门和部分市县财政部门开放，并适时地根据宏观政策方向、地区发展规划、基本公共服务标准等的调整变化，及时修正和更新。同时，山东依托一体化系统，自动收集绩效数据，提升了绩效评价的数字化水平，提高了绩效管理的质量和效率。广东省对绩效指标进行了多维衡量和动态管理。引入量化指标值，增加了评价指标数据的有效性和可比较性。实现了财政绩效指标在各部门间的共建共享，并赋予各部门管理维护本部门指标的权限，提高指标适用性和合理性。根据宏观政策方向和地区规划的变化，对评价指标动态管理，使评价指标和标准更加灵活，并引入了大数据手段，提升绩效管理效率。

2. 当前我国财政支出绩效评价中存在的问题

我国的绩效管理的系统化、规范化及全面运行，增强了我国财政支出和预算管理的科学性，提高了财政管理的精细化水平，财政资金的使用效益不断提升。但现行的财政支出绩效评价的实践，与我国中国式现代化、高质量发展要求建立的现代财政制度的内涵相比，还存在着一些不足和问题。

（1）绩效管理的文化尚未全面形成，绩效理念需进一步强化。从公共价值理论来说，财政支出具有公共价值表达的内涵。随着新公共管理理论以及公共财政的发展，社会上和理论界对财政、预算以及支出的公共工具性的功能已经逐步接受，提升财政支出使用绩效水平的诉求应当受到重视。但从我国财政绩效管理的产生和实践来看，我国的财政预算绩效评价主要产生于内在驱动，是自上而下的要求，而不是由外部民众的压力产生的。来自中央政府的政策驱动，使得地方政府为落实中央的战略决策，对财政绩效的重视度很高，表现在绩效管理的实践推进中，往往由较高级别的管理者亲自推进。这种实践的发展模式，尽管促进了财政支出绩效工作的飞速进展，但这种由内而外的驱动，导致绩效理念和绩效文化基础并未产生较大的社会基础，间接地限制了财政支出绩效评价的进一步发展。例如，在协调与绩效管理相关的财政与各部门之间关系时，难度较大。李祥云（2020）统计了湖北省绩效文化的情况，问卷调查的结果显示，在对"内部预算绩效管理中职员配合程度"的回答中，有半数以上的财政局的受访人员选择了"不配合"。这些都显示，有利于深入推行财政支出绩效管理的绩效文化还需要进一步推进。

（2）财政支出绩效评价的工作规范和评价标准亟待完善。当前，我国的预算绩效管理采取的是以单位自评价为主，以财政再评价为辅，第三方评价为必要补充的工作流程。在这一工作流程中，单位自评价的产生基础为预算单位自主设计的绩效目标，尽管财政部门和人大常委会可以对绩效目标的设定进行审核批准，但预算单位对绩效目标仍具有较大的自主权，这种做法一方面可能使不符合公共利益的绩效目标被设定，另一方面绩效目标设定权的下放也可能产生预算单位自行设定简单的绩效目标，导致绩效目标约束力不强等问题。此外，在绩效管理的运行监控和评价实施管理方面，大多数绩效运行监控仅仅停留在政策要求层面，具体的监控执行中没有实质性措施。在绩效评价环节，具体绩效评价方案制定和评价工作的执行以及评价报告的提交等一系列活动都由预算部门自身完成。可见，预算部门在具体的财政支出绩效评价的过程中自主权较大，财政部门的监督制约相对少，导致绩效评价的质量不能得到有效保证。2013年财政部出台的《预算绩效评价共性指标体系框架》尽管形成了共性评价指标，但对具体的行业、领域内的评价指标体系迟迟没有形成，使评价结果公信力受到明显制约。

（3）绩效目标、指标设置不科学，部门预算与绩效目标申报未整合。首先，绩效目标和指标设置是公共财政管理中的关键环节之一。然而，当前我国在支出目标多元化、资金使用周期较长的支出项目中，绩效目标和指标体系的设计缺乏针对性，过于宽泛，难以选取合适的评价指标，无法全面反映部门履行职能情况和支出所产生的社会效益和长远效益。其次，预算编制与绩效目标申报表的整合不足，导致在当前我国财政支出绩效评价工作中，缺乏统一的标准和指导意见，使地区间、部门间、项目间的评价结果无法有效对比。此外，在预算绩效目标的制定和评价中存在着技术上的困难，导致了财政绩效评价往往只能从微观视角的成本—效益分析出发，而对于量化难度较高的宏观绩效和经济社会综合绩效则相对忽视。在这种情况下，预算申报表中填报的绩效指标往往不能有效地与部门职能紧密结合。使得我国地方各机构的预算编制与绩效目标申报表之间存在着"两张皮"的问题，无法全面反映部门履行职能情况以及部门支出所产生的社会效益和长远效益。

（4）财政支出绩效评价的结果尚未得到充分运用。绩效管理和绩效评价的工具价值在于通过对财政支出的有效管理，追求预算支出的优化配置，以实现预算结果的公共价值的最大化。因此，财政支出绩效评价的最终目的应该是重视评价结果的反馈和将评价结果应用到支出管理方面，以实现绩效的持续改善。在现实中，尽管财政支出绩效评价工作已经随着全面预算绩效管理的推进而全面铺开，但是对评价结果的应用仍然未受到足够的重视。一方面，评价结果的反馈机制不完善，评价结果不能及时地传递给管理者和决策者，从而导致评价结果无法真正影响支出管理决策。另一方面，对评价结果的应用存在不足，表现在管理部门并没有充分利用评价结果，将其应用于指导和改进支出的管理上。相关的调查显示，在湖北省的省直预算单位，只有34%的省直受访单位表示会向财政部门报告全部结果，而超过一半的受访单位表示其所在单位并不会根据绩效评价结果进行相应的奖惩。同时，在湖北省无论是省直单位还是市县级单位，都没有将绩效评价的结果作为下一预算年度预算资金分配决策的重要参考（李祥云，2020）。因此，从绩效评价到绩效评价结果的应用，还有很长的道路要走。

（5）需要进一步夯实实施财政支出绩效预算管理的基础。在财政支出绩效评价中，绩效指标的构建，执行机制、运行监控机制及结果反馈机制都是有效实施财政支出绩效评价管理的重要基础。但除了以上所提出的制度和规则等硬基础外，执行财政支出绩效评价的人员技术技能以及管理信息系统的构建对财政支出绩效评价也至关重要。当前我国的财政支出绩效评价中，在人员方面直观地体现在预算单位具备绩效管理知识和能力的人员不充足，有资料显示，在省级的绩效管理部门，一般只有10名工作人员，面对成百上千个本级预算单位的绩效报告，工作量超负荷运作是常态，这就难以保障绩效评价的质量，导致过分依赖于第三方评价机构。在2020年对广东省各地市财政局的一项调研中发现，只有6.67%的被访者清楚预算绩效评价指标的定义、计算方法等。此外，对财政支出绩效评价的技术支持不到位，相关的绩效评价标准库、数据资料库建设滞后，无法形成对预算绩效管理的有效技术支撑。同时，能独立承担相关工作的第三方机构少，而绩效评价专家库建设滞后，这都制约了财政支出绩效评价的持续有效推进。

总之，在现阶段的财政支出绩效评价工作中仍存在相当的问题与不足，迫切需要把财政支出绩效管理置于经济社会发展与政府体系履职的全景图之内，与时俱进地完善财政支出绩效评价的各项工作，助力中国式现代化的实现。

二、高质量发展视域下的财政支出绩效评价体系的构建

党的十九大报告提出我国的经济发展已经由高速增长阶段转向高质量发展阶段，我国的社会主要矛盾已转变为"人民日益增长的美好生活需要和不平衡不充分的发展之间的矛盾"，主要矛盾的转变表明我国在经济发展方面已经取得了巨大的成就，但面临着一些严峻的问题和挑战。推动高质量发展，促进经济、社会和环境的协调发展，实现经济高质量发展与人民美好生活的有机统一，不仅是化解当前社会主要矛盾的重要战略举措，也是保持经济社会持续健康发展的必然要求。

（一）高质量发展视域下财政支出绩效评价体系的优化方向

正如第二章的理论分析部分所谈到的，财政支出绩效评价和高质量发展之间存在着密切联系。财政和财政支出是推动高质量发展的主要驱动力，高质量发展意味着高质量的公共产品，而高质量的公共产品需要国家财政的支持。因而高质量发展的理念从一开始就体现了绩效的内涵。财政支出绩效评价与高质量发展的有效互动可以共同推动经济、社会和环境的可持续发展。按照党的十九届四中全会对高质量发展的内涵概括——从总量扩张向结构优化转变、从增长速度向发展质量转变、从"有没有"向

"好不好"转变，并结合绝大多数文献的观点，本节将高质量发展从五个维度界定，即"创新、协调、绿色、开放、共享"五大发展理念（任保平，2018；詹新宇和刘文彬，2019；张占斌等，2022；李舟等，2022）。

1. 创新维度的高质量发展

从创新维度上看，高质量发展应该是指以创新为核心推动经济社会的发展，以创新驱动实现质量变革、效率变革和发展动力变革，继而实现高质量发展的目标，即创新驱动的发展模式。创新驱动的发展模式要求整个社会的全面积极参与，共同推动创新，构建多元创新生态系统。其中，技术创新是实现高质量发展的核心要素，是经济社会高质量发展的主要推动力。技术创新之外的管理创新、制度创新也是创新驱动发展的重要基础和内容，营造全社会的创新氛围，激发全面创新活力。打造良好创新环境，对于提升国家的综合实力及竞争力至关重要。

为实现创新维度的高质量发展，财政支出应当适当地偏向于鼓励技术创新、推动产业优化升级、加强创新人才培养和强化对知识产权的保护。具体地，通过制定优惠政策、设立专项资金等措施鼓励企业的技术创新活动；通过创新政策引导、提供财力支持等措施推动企业向高端化、智能化和绿色化的转型升级；通过提供激励企业创新的税收优惠和知识产权保护等政策，为企业提供稳定的创新环境，激发企业创新活力；重视创新人才培养的创新发展支撑。

2. 协调维度的高质量发展

协调发展是指在经济、社会、环境等方面的平衡、协调和可持续的均衡发展方式。本质上，协调发展需要统筹考虑经济、社会、环境的相互促进、相互协调。一是要实现经济增长与资源利用的协调。在实现经济发展的同时，协调考虑经济发展对环境的影响，经济发展和资源利用之间实现相对的平衡，以保证经济和资源的可持续发展。二是要实现城乡发展的协调。将城市和农村的发展看作统一的整体，实现城乡发展协调均衡发展、全面发展。三是要实现经济和社会的协调。经济发展和社会发展相互依存、相互支持、相互促进。在经济社会发展过程中，社会的需求也在不断变化，经济发展适应社会的需求变化，社会需求也要适应经济发展的变化，最终实现经济和社会的系统、可持续的协调发展。

财政手段是政府实现协调发展的重要手段。首先，政府可通过财政支出对经济和社会领域提供资金支持，以实现协调发展，如通过对基础设施建设的支持、对社会民生等事业的投入，实现经济和社会的协调发展；通过对环境保护和生态建设的投入和政策支持，推动绿色发展和生态文明的建设，实现经济与资源环境的协调；通过对欠发达区域和农村地区的支出，推动区域间和城乡间的协调。其次，财政收入和财政政策也能够实现协调发展。改善财政状况，可以为实现协调保障提供财力保障；优化税收政策，也可以引导资源在地区间、城乡间和产业间的合理流动，实现全方面的协调发展。对弱势地区和弱势产业的财政资金的投入，也能够实现经济社会的协调和均衡。

3. 绿色维度的高质量发展

绿色维度的高质量发展，是指不仅要重视经济的发展，更要注重生态环境保护和生态文明建设。具体来说，绿色维度的高质量发展包括以下几个维度：首先，要注重生态环境保护和生态文明建设，实现经济、社会和环境的协调均衡，推动绿色技术、绿色产品、绿色生产方式等方面的创新发展，促进资源节约和环境保护；其次，绿色维度的高质量发展也注重经济发展，这意味着在经济发展中，企业的绿色转型升级和绿色技术创新也非常重要；最后，绿色维度的高质量发展还涉及人民群众的民生需求，提升人民群众的获得感和幸福感，实现人民对美好生活的需求。

随着全球环境问题的不断凸显，绿色发展已经成为各国政府和企业发展的必要选择。财政工具在绿色发展中也大有可为。首先，在财政支出上，财政可针对绿色项目、绿色产业推动绿色发展，如可再生能源的建设、城乡基础环境设施的优化等，实现经济和环境的双收益。在具体财政工具的选择上，财政部门可以通过绿色补贴来鼓励企业和个人的低碳环保行为。例如，为企业的绿色生产行为提供税收优惠，对消费者的绿色购买行为进行补贴等。同时，还可以增加公共交通设施等来实现绿色的发展。

其次，在财政收入工具上，财政部门可以通过绿色税收来推动环保。如对污染物排放和能源消耗进行征税、对环保产业的税收优惠等。

4. 开放维度的高质量发展

在全球化和数字化的背景下，开放发展已经成为许多国家和地区发展战略的核心。高质量发展的开放是一种强调包容和创新的开放，要求通过打破传统的边界和限制，实现经济、社会和文化的跨越式发展。高质量的开放首先要求经济开放。开放式的全球经济一体化发展，有助于打破贸易保护的限制，促进国际贸易和跨国投资，促进经济社会更加繁荣昌盛。开放的经济有助于促进技术的创新和产业优化升级，提高企业的竞争力和创新能力，同时开放的经济环境，也可以帮助企业获得更多的市场机会和技术资源，促进资源的优化配置和效率的提高，实现更高水平更高质量的经济发展。其次在开放经济的背景下，经济体可以更好地利用全球范围内更具有创新性和更高技术含量的技术，使企业融入全球范围内的创新技术市场和更高的竞争环境和创新环境，实现高质量发展。最后高质量的开放要求更有效的国际合作。高效的国际合作是高质量开放发展的重要保障。国际合作和交流，可以实现知识、技术和资源的共享，同时，在有效开发的维度下，国际合作交流有助于世界各国实现一些全球性问题如气候变化、环境污染、贫困和疾病等的共同应对。

因此，高质量发展的开放理念，是经济社会的可持续、不同文化的共融的跨越式发展的重要保障。高质量的开放需要得到财政的有力保障。首先，财政应当加强国际合作方面的支持力度。如采取税收减免、财政补贴等方式来促进企业跨国投资和合作，帮助企业拓展海外市场，促进产业升级和创新发展。其次，财政可通过税收或补贴政策引导贸易结构的优化和国际贸易的便利化。例如，减免关税、支持中小企业出口等财税手段，帮助企业降低贸易成本、提高效率，推动高质量发展。最后，在全球化的国家之间分工和合作导致的联系越来越密切的背景下，财政应为加强企业跨国合作、优化营商环境提供有效的财政保障。

5. 共享维度的高质量发展

共享维度的高质量发展从内涵上包括以下两个方面：一是从共同富裕

的维度讨论的高质量发展。共同富裕是指全体人民共同分享社会发展成果、共同享有发展成果的一种社会理念。共同富裕的实现需要雄厚的物质基础。共同富裕是高质量发展的目标之一。只有实现高质量发展，才能创造更多的财富和机会，让全体人民共享发展成果，从而实现共同富裕。高质量发展是实现共同富裕的基础和保障。只有通过推动经济高质量发展，才能不断提高人民群众的收入水平和生活质量，实现共同富裕。二是从共享经济维度来看的高质量发展。共享经济是一种新兴的经济形态，其核心是通过共享和利用现有的资源、设施和服务来提高资源利用效率、促进经济增长和社会进步。共享经济的发展可以推动传统产业与新兴产业的融合，优化资源配置，提高经济增长的效率和质量，从而实现经济、社会、环境的协同发展，实现社会的全面进步。

基于以上对共享维度的高质量发展的分析。政府的支出和政策应从以下几个方面优化：首先，在财政工具的运用方面，采用财政支出和财政补贴优化共享经济企业的资源利用方式，如可以加大对技术创新和高新技术的财政支持和财政投入，推动共享经济的高质量发展。其次，相应的税收政策可以降低企业的税收负担，从而鼓励更多的资源投入共享经济的发展中。政府还可以通过制定各种优惠政策，如减免土地租金、节能减排补贴等来支持共享经济的发展，特别是绿色共享经济的发展。总之，政府的政策应该以促进共享经济的发展和推进共享维度的高质量发展为出发点，营造良好的政策环境，从而推动共享维度高质量发展的实现。

（二）高质量发展视域下财政支出绩效评价指标体系设计

实现高质量发展的财政支出绩效评价，必须建立与高质量发展理念相适应的指标体系和绩效评价体系，形成有利于高质量发展的财政保障机制。构建的过程和指标体系应体现高质量发展的导向。本节基于第二章的理论梳理及前述高质量发展视域的财政支出绩效评价体系的优化方向，在界定高质量发展财政支出绩效评价核心概念体系的基础上，根据概念体系建立相应的指标体系。

1. 设计思路

综上所述，高质量发展的核心在于"质量第一、效益优先"，对于财政支出绩效评价而言，就是要确保政府支出有效率。因此，构建政府财政支出绩效评价体系应充分考虑到质量和效率。本书在高质量发展的财政支出绩效评价指标的选取和体系构建中，坚持经济性、效率性、质量性的原则，依据 3E 评价理论和投入产出及质量发展理论，从财政支出的投入、过程和结果三个层面，构建符合高质量发展理念的财政支出绩效评价体系（Fried et al.，2008）。具体包括：评价目的—评价主体—评价指标—评价结果应用四大元素。结合研究主体，将高质量发展的财政支出绩效评价体系的重点放在评价目的和评价指标两个方面。

2. 评价目的

确立公共价值标准——支出效率标准双标准的绩效评价目的。财政支出绩效评价从本质上说是政府实现其政策目标的重要工具。这一工具应体现其工具价值——效率。效率是财政支出绩效评价工作基本原则和最终的目的，也是各国实行财政支出绩效评价的根本目的（Ho，2018）。效率标准贯穿在财政支出绩效评价的全过程，财政支出的绩效评价基于投入—产出分析，以衡量财政支出全过程中的效率。在实现财政支出绩效评价的工具价值之外，由于财政支出的公共性和财政支出的特殊性，财政支出的绩效评价也应包含相应的公共理念价值。在政府政策目标中，现代政府的公共性已经深入人心，公共价值导向已成为现代政府的主要价值追求，因此财政支出绩效评价的目标既要具备相应的财政工具价值属性，同时也要有实现相应的公共价值（马蔡琛和白铂，2022）。

确立财政支出绩效评价的效率和公共价值双标准的必要性在于：首先，在体现公共财政资源分配的财政支出行为中，财政支出相应的公共价值体现在政府支出行为应以满足人民群众的公共需求为根本，绩效评价必须侧重提供满足公众偏好的公共服务供给，公共服务供给和人民群众的公共需求的适配程度越高，则效率越高，公共价值也相应越高。其次，从财政支出绩效的全过程来看，财政支出绩效的投入环节和产出环节更需要共同体现效率标准和公共价值标准及其匹配。从投入环节上看，在绩效评价的初始阶段，财政支出的经济效果、社会效果等的制定首先要反映效率标准。同时，财政支出的具体流向领域，也需要反映财政支出的公共价值标准。从产出环节上看，随着预算的被执行，支出的绩效结果开始被显现。而对支出效果的考察应重点放在预算效果是否有助于体现社会的公共价值，同时，财政支出应能够兼顾个体之间的发展的平等机会的投向，也应兼顾区域之间发展差异的存在，体现其公共价值导向。实现财政支出在工具价值和公共价值上的融合与一致。因此，财政支出的绩效评价应以公共价值为指导和基础，以实现公共行政目标为基准，与高质量发展的内涵保持一致，着力优化财政资源配置，提高公共服务的供给质量。

3. 评价指标

指标化绩效和高质量发展，实现绩效和质量发展的有效融合。支出绩效指标体系是财政支出绩效评价目标的具体化和细化，用以衡量财政支出目标的实现程度。本质上来讲，财政支出绩效评价应服务于政府的政策制定及政府公共服务供给（刘尚希，2019），因此，绩效评价目标和绩效评价指标的有效融合，才能实现绩效评价的目的，因此二者相互依存、密切相关。肖友华等（2019）基于财政工作实践，认为在财政绩效评价中，首要工作思路就是要抓住评价指标，这有助于提高支出管理的效果，将绩效工作做在前面，这也是财政支出绩效评价的核心。在高质量发展视域下，实现绩效指标和高质量发展的融合，在真正实施高质量发展之前，重视符合高质量发展的绩效目标设置，对绩效评价工作和绩效评价目标管理及指标体系构建实施"一体化的管理"，做到绩效管理工作的前置，将目标与指标有机融合，从而实现绩效目标与绩效指标对绩效评价的"双推进"，有效实现财政资金的使用效率提高的目标。

具体地，一是要探索高质量发展的核心指标库，建立高质量发展的指标信息的综合分析，提升绩效目标的管理质量，实现绩效评价指标的设置与高质量发展高度的相关性。二是根据高质量发展的内涵变化，对绩效评价实行动态化管理，并实现财政支出的目标与高质量发展战略的衔接和匹配，强调考核的实绩。三是在指标设置中应该根据高质量发展的目标，将指标量化和具体化，实现财政支出绩效评价与高质量发展目标的定量分析，最终实现以数据分析的形式将评价结果具体化、数值化，使之可比较并更加直观。四是指标必须具备相应的科学性，这里所指的科学性，主要指评价指标应该具有可操作性、可获得性和完整性。这是由于，一方面，高质量发展内涵显示，符合高质量发展内涵的许多内容大都涉及社会效益，无法直接用经济收益直接显示或量化，因此在指标的选择过程中，应尽量选择那些具有量化可能性且较易获得的指标；另一方面，参照相关的财政支出绩效评价的设定原则，应在绩效评价的全过程都设置高质量发展指标，以保证绩效评价的完整性和全过程的覆盖性。

4. 评价功能

财政支出绩效评价的功能在于通过绩效的评估对政府财政支出进行科学评估，确定政策的效果、优先级和改进方向，以实现更加高效和优质的财政支出（Lehan，2010）。首先，评估支出是否实现了政府的预定政策目标，这一目标包括经济收益和社会收益；其次，财政支出绩效评价的功能还应包括对公共服务供给情况的评估，包括教育、医疗、社保、文化等方面的服务。高质量发展视域的财政支出绩效评价的功能主要集中于财政支出对实现高质量发展目标的贡献程度和效果，在评估的基础上以确定财政支出的优先级和改进方向。高质量发展战略和理念下，通过对财政支出推动高质量发展的功能的评价，可以更好地发挥财政支出对高质量发展的支撑作用，提高财政资金的使用效率，推动高质量发展的实现。

三、本章小结

本章主要介绍了如何在高质量发展视域下构建符合高质量发展理念的

财政支出绩效评价体系的问题。本章的主要内容包括：第一部分从现实的角度分析了财政支出绩效评价及我国财政支出绩效评价。在对世界各国的高质量发展进行总结和分析的基础上，进一步地对我国财政支出绩效评价的发展历程和现状进行了全面的分析和评价，并以此为基础，分别指出了我国财政支出绩效评价取得的阶段性成果和目前依然存在的诸多不足和缺憾。第二部分则是基于高质量发展的内涵和理念，以高质量发展的"创新、协调、绿色、开放、共享"的五个维度的内涵为基础，分别具体分析了高质量发展视域下财政支出绩效评价的具体优化方向，并进一步从顶层设计的视角对我国高质量发展的财政支出绩效评价的指标体系的构建做出了初步的构想。本章还对高质量发展财政支出绩效评价体系的实施路径和重点工作进行了探讨，具体的讨论内容包括了建立绩效评价机制、完善数据支撑体系、加强评价结果应用等方面。

第四章

基于高质量发展的财政
支出绩效的综合评价

　　财政支出是国家经济活动的重要组成部分，财政支出的效率是确保资源合理利用和实现经济社会收益最大化的重要前提。财政支出绩效评价可以有效地对政府支出的全过程进行监控，是提升政府支出效率、优化政府支出决策的有效手段。作为我国新发展阶段的重要战略发展理念，高质量发展应该成为在评价财政支出绩效时的重要指导原则。本章在讨论财政支出绩效的基础上，探索如何通过高质量发展的理念来提高财政支出效率。

　　本章主要探讨高质量发展视域下的财政支出绩效的综合状况。首先，以第二章和第三章对高质量发展内涵的分析入手，从创新、协调、绿色、开放、共享五个维度选择相关指标，构建高质量发展的财政支出绩效评价指标体系，为综合评价财政支出绩效夯实基础。其次，以指标体系为依托，综合评价政府财政支出在促进高质量发展的绩效情况。在方法的选择上，财政支出绩效评价方法众多，较常采用的方法有熵值法、层次分析法、数据包络分析法等。本章以熵值法为基础，测度高质量发展的政府财政支出的绩效，并对评价结果进行综合分析。最后，在测度完成后，从整体上、区域间以及省际之间对综合评价结果进行全面的对比分析。在此基础上，探讨如何完善高质量发展的财政支出绩效评价体系，在保证评价结果可靠和可操作的前提下，实现高质量发展的目标，并探索将财政支出绩效评价的结果与政策决策和预算编制相结合，以实现高质量发展目标的结果应用问题。

一、综合评价的指标体系构建和方法

综合评价的基础在于评价指标体系的科学和合理，同时指标体系也是引导绩效评价工作方向的重要导向性因素。在不同情境中，综合评价的指标体系和方法也会有所不同，需要根据具体情况进行改变和优化。首先，在指标的构建中，需要根据评价的目的和评价对象的基本情况，并在综合考虑指标的可操作性、可靠性和代表性的基础上，根据财政支出绩效评价的相关理论和原则，科学客观地选取评价指标。其次，在评价方法的选择上，则需要考虑评价方法的可行性和效率性，以便于得出准确、客观、可信的评价结果。

基于以上分析，可以知道高质量发展的财政支出绩效评价工作，不仅涉及高质量发展的内涵，还要符合财政支出绩效评价的相关理论和原则，同时考虑数据因素，保证评价的可操作性和指标的可获得性。

（一）指标的选取

在高质量发展的财政支出绩效评价指标的选取上，本章结合高质量发展的内涵以及财政支出绩效评价的原则，从投入和产出两个层次对指标进行设置。首先是高质量发展的内涵，考虑到现有文献的一般做法，本书将高质量发展界定为创新、协调、绿色、开放、共享五个维度，分别界定投入指标和产出指标。具体地，将创新、协调、绿色、开放、共享定义为五个一级指标，并在五个一级指标下将各自分别的投入和产出定义为二级指标，在二级指标下，相应再设置不同的三级指标。最终指标体系包括 5 个一级指标、10 个二级指标和 11 个三级指标。

在高质量发展不同维度指标的选取上，主要借鉴相关研究和高质量发展的内涵来选择相应的指标，具体选择指标和标准如下：

1. 创新发展

创新是实现国家高质量发展的主引擎，党的十九届五中全会提出，要保证创新在中国现代化建设中的核心地位，实现国家的科技自立自强。现有研究认为，创新投入水平的高低决定了技术创新的高低（陈抗等，2002；徐建斌和李春根，2020；王文甫等，2020）。同时，创新投入的结构也是影响创新的重要因素（张杰等，2015；吴延兵，2017）。因此，本书主要从政府和企业两个方面选择创新维度相关指标。投入指标上，基于研究目的，选择科学技术支出占财政支出的比重作为投入指标，相应地在产出指标上，选择每万人专利授权数和技术市场成交额占地方生产总值的比重作为衡量创新产出的指标。

2. 协调发展

协调发展主要指一种相对平衡的发展状态，强调的是全局的平衡和整体的稳定，协调发展主要体现在经济可持续发展、区域之间、群体之间的优化和协同、国家综合竞争力提高等方面（荆文君和孙宝文，2019）。因此，从协调发展的内涵出发，并基于数据的可得性，选取社会保障和就业支出占财政支出的比重作为协调维度的投入指标，相应地从区域间和群体间的协调发展出发，选取城乡居民人均可支配收入比作为协调维度的产出指标。

3. 绿色发展

绿色发展是以效率、和谐、持续为目标的经济增长和社会发展方式，现在已经成为世界各国发展的主要选择。绿色经济倡导经济增长与高污染和高能耗脱钩，促使企业自觉进行绿色生产等行为（武宵旭等，2022）。本书在现有研究的基础上，选择环保支出占财政支出的比重作为绿色维度的投入指标（程清雅，2022），同时基于研究目的和数据的可得性，选择单位GDP能耗作为绿色发展产出维度的衡量指标。

4. 开放维度

开放是高质量发展的重要维度，强调广泛的合作交流，它不仅包括与外部市场的互联互通、贸易合作，还包括投资环境改善、全社会的资源共享、资源的自由流动等涉及开放型经济的建设。基于以上分析和研究数据的可得性，选择交通运输支出占财政支出的比重，作为开放维度的投入指标，选择外贸依存度作为开放维度的产出指标。

5. 共享维度

共享发展的内涵主要在于，发展成果实现人民共享，让经济社会的发展成果惠及全体人民，为全体人民提供更多的机会和福利，实现共同富裕。本书选择文化体育与传媒支出占财政支出的比重作为共享维度的投入指标，选择人均国内生产总值作为共享维度的产出指标。具体的指标及维度如表 4-1 所示。

表 4-1　高质量发展的财政支出绩效评价指标

一级指标	二级指标	三级指标	指标属性
创新	投入	科学技术支出占财政支出的比重（%）	（+）
	产出	每万人专利发明授权数（个）	（+）
		技术市场成交额占地方生产总值的比重（%）	（+）
协调	投入	社会保障和就业支出占财政支出的比重（%）	（+）
	产出	城乡居民人均可支配收入比（%）	（−）
绿色	投入	环保支出占财政支出的比重（%）	（+）
	产出	单位 GDP 能耗（%）	（−）
开放	投入	交通运输支出占财政支出的比重（%）	（+）
	产出	外贸依存度（%）	（+）
共享	投入	文化体育与传媒支出占财政支出的比重（%）	（+）
	产出	人均国内生产总值（元）	（+）

（二）指标说明

1. 每万人专利授权数

专利数据是最常用的反映创新成果的数据。专利数据中包括专利申请数和专利授权数。由于专利申请数据还包括了那些并不一定会被授权的专利，为保证数据的质量，选择专利授权数作为主要评价指标。同时专利数据包括发明专利、实用新型专利及外观专利三种类型，这三种专利中，发明专利更能反映一个国家或地区的技术创新实力，因此，选择发明专利授权数作为创新的产出指标。计算方法为：

$$每万人发明专利授权数 = \frac{发明专利授权数}{总人口数}$$

2. 技术市场成交额

技术市场成交额可衡量高技术行业和产业的发展和规模，反映区域内对高技术产品和服务的需求程度及技术企业的经济实力。技术市场成交额也是评估高技术企业创新绩效及其市场占有率的重要指标，是衡量区域的科技创新水平、科技成果转移转化情况、技术市场活跃程度等的重要指标之一。可以作为专利数据的重要补充全面衡量区域的科技创新能力。本书以技术成交额与地区生产总值的比重来衡量这一指标。

3. 城乡居民人均可支配收入比

人均可支配收入是指在一定时期内可支配的收入总额平均分配到每个居民的收入数额，是衡量一个地区经济发展水平和居民收入水平的重要指标。城乡居民间的收入分配状况是城乡间区域协调与否的重要指标。该指标为逆指标，其值越高，即城乡间居民的收入差异越大，表明该地区城乡间的区域协调程度越差。计算方法为：

$$城乡居民人均可支配收入比 = \frac{城镇居民的人均可支配收入}{农村居民的人均可支配收入}$$

4. 单位 GDP 能耗

经济发展过程中的绿色发展状况直接反映在地区生产总值的能源消耗量上，本书借鉴相关文献的做法，采用单位 GDP 能耗这一逆向指标计算绿色发展的状况。单位 GDP 能耗是指单位国内生产总值所需消耗的能源量，通常以吨标准煤或吉焦的形式进行度量，它反映了一个国家或地区经济发展与能源利用效率的关系。是衡量一个国家或地区经济可持续发展的重要指标。较高的单位 GDP 能耗表明该国家或地区在经济发展过程中消耗了更多的能源，可能导致能源供应短缺、环境污染等问题。计算公式为：

$$单位\ GDP\ 能耗 = \frac{（万吨标准煤）能源消耗量}{地区国民生产总值}$$

5. 外贸依存度

衡量对外开放的指标很多，如外商投资总额、游客人数、外商企业数等都可以反映地区的对外开放程度。在这些指标中，最为常用的指标为外商投资总额和进出口总额，这两个指标反映了国家或地区对外部市场的依赖性以及地区的对外开放程度，是研究对外开放的重要指标。外贸依存度是指一个国家或地区对于国际贸易的依赖程度。通常用进出口贸易总额在国内生产总值（GDP）中所占的比例来衡量，它反映了一个国家或地区的经济发展与国际贸易的关系。本书选择外贸依存度作为衡量相关开放的产出指标。计算公式为：

$$外贸依存度 = \frac{进出口总额}{地区生产总值}$$（进出口总额数据以当年人民币对美元年均汇率值折算为人民币）

6. 人均国内生产总值

国内生产总值反映了一国在一定时期内的全部生产活动的成果，是一国国民财富的基础。人均国内生产总值则反映了本国居民的富裕程度，更能反映一个国家或地区的经济发展水平及国民的财富状况，从内涵上来说，人均国内生产总值反映了人民对经济社会发展成果的受益情况。因此，选择人均国内生产总值这一指标。

（三）评价方法

本书的研究本质上仍属于财政支出的绩效评价研究，因此在评价方法的选择上根据大多数文献的做法，选择综合评价方法。综合评价法一般是运用多个指标综合对各个研究对象的相关经济和社会活动进行评估，可以从纵向和横向两个方面综合对比分析，避免了使用各个单项指标衡量对比时可能产生的评价不全面等问题。综合评价方法根据指标权重产生方法的不同，分为主观评价法和客观评价法。主观评价法包括德尔菲法、层次分析法等方法，而客观评价法则主要包括主成分分析法、因子分析法、熵值法、变异系数法等方法。与主观评价法相比，客观评价法测度结果更为客观，主观性弱，测度结果较为可靠、科学，因此，为全面把握高质量发展的财政支出绩效，同时借鉴相关文献的做法，本章选择计算方式较为复杂但结果较为客观的熵值法作为主要评价方法，对高质量发展视域的财政支出绩效进行综合评价，并从横向和纵向两方面进行对比分析。

熵值法根据各指标所提供的信息量的大小，客观确定指标的权重，实现客观赋权，有效地避免了主观法中可能存在的主观影响。同时为了反映各地区绩效评价的动态发展趋势，将时间因素纳入测算。具体测算原理方法如下：

第一步，建立决策的初始矩阵假设。

$$I = \begin{bmatrix} X_{11} & \cdots & X_{1m} \\ \vdots & \vdots & \vdots \\ X_{n1} & \cdots & X_{nm} \end{bmatrix}_{nm}$$ 其中，X_{nm} 为第 n 个样本的第 m 个指标的数值。

即表示有 n 个被评价对象，m 个评价指标。

第二步，原始数据的标准化处理。为了避免指标间由于量纲的不同导致的不可比性，增加指标间的可比性，对指标进行无量纲化处理。处理方式如下：将标准矩阵设为 $m = \{x^{nm}\}$。其中，正向指标（越大越好）的标准化处理公式为 $\hat{x_{nm}} = \dfrac{x_m - x_{\min}}{x_{\max} - x_{\min}}$，逆向指标（越小越好）的标准化处理方式为

$\hat{x_{nm}} = \dfrac{x_{\max} - x_m}{x_{\max} - x_{\min}}$。其中，$x_m$ 为第 m 项指标，$x_{\min}$ 为第 m 项指标的最小值，$x_{\max}$ 为第 m 项指标的最大值。

第三步，计算第 m 项指标下第 n 个评价对象的占比，公式如下：

$$P_{nm} = \frac{\hat{x_{nm}}}{\sum_{n=1}^{j} \hat{x_{nm}}} (0 \leqslant P_{nm} \leqslant 1)$$

第四步，计算指标熵值确定熵权。

$$e_n = -(1/\ln am) \sum_{r=1}^{a} \sum_{n=1}^{m} P_{anm} \ln P_{anm}$$

第五步，计算各评价对象高质量发展财政支出绩效评价的综合指数。

$$S_i = \sum_{n=1}^{m} w_j \times P_{nm}(n = 1, 2, \cdots, m)$$

二、高质量发展视域下的财政支出绩效综合评价

（一）数据来源

本章以 2013~2021 年为样本区间，选取我国 30 个省份作为分析对象（不包括西藏及港澳台地区），数据选取的开始期为 2013 年的原因在于部分数据从 2013 年开始改变了统计标准，以便保证数据的一致性。数据来源于相关年份的《中国统计年鉴》、《中国科技统计年鉴》以及 EPS 中国区域经济数据库。相关的经济数据均以 2013 年为基期进行了数据平减处理。部分的缺失数据以插值法补充。全部的样本量为 30 个省份的 9 年数据。

（二）综合评价结果分析

根据熵值法评价方法，本章对我国 30 个省份 2013~2021 年高质量发展的财政支出绩效情况进行了测度，综合测度所得结果即综合评价值如表 4-2 和图 4-1 所示。

1. 整体上的综合评价

从综合评价的结果来看，2013~2021 年，我国的高质量发展及财政支出的绩效均呈现出改善的发展趋势。其中，年均值从 2013 年的 0.241 上

升到 2021 年的 0.306，说明从整体上，我国的财政支出促进高质量发展是在不断进步的。同时，标准差呈现下降趋势，从 2013 年的 0.153 下降到 2021 年的 0.140，表明我国省域间的高质量发展及支出绩效的差异在不断缩小。从图 4-1 可以看出，30 个省份的高质量发展财政支出绩效评价的测度值大体呈现上升的趋势，但是部分地区的趋势并不明显。

表 4-2　2013~2021 年我国各省份高质量发展财政支出绩效评价综合值

年份 地区	2013	2014	2015	2016	2017	2018	2019	2020	2021	均值
北京	0.871	0.883	0.840	0.816	0.858	0.820	0.809	0.759	0.787	0.827
天津	0.330	0.345	0.369	0.355	0.398	0.405	0.468	0.441	0.452	0.396
河北	0.183	0.179	0.163	0.157	0.166	0.207	0.224	0.254	0.243	0.197
山西	0.162	0.158	0.136	0.140	0.151	0.187	0.209	0.220	0.245	0.179
内蒙古	0.160	0.156	0.145	0.129	0.164	0.182	0.171	0.173	0.187	0.163
辽宁	0.224	0.233	0.236	0.225	0.234	0.252	0.261	0.248	0.265	0.242
吉林	0.193	0.210	0.174	0.174	0.194	0.217	0.261	0.252	0.238	0.213
黑龙江	0.218	0.211	0.187	0.156	0.167	0.193	0.214	0.223	0.240	0.201
上海	0.486	0.486	0.473	0.521	0.576	0.546	0.515	0.519	0.553	0.519
江苏	0.422	0.402	0.413	0.397	0.407	0.418	0.427	0.465	0.482	0.426
浙江	0.424	0.417	0.436	0.424	0.428	0.439	0.439	0.464	0.483	0.439
安徽	0.217	0.230	0.230	0.280	0.262	0.258	0.281	0.296	0.336	0.266
福建	0.222	0.225	0.248	0.254	0.256	0.278	0.280	0.302	0.311	0.264
江西	0.136	0.150	0.153	0.177	0.197	0.211	0.209	0.245	0.272	0.194
山东	0.226	0.223	0.216	0.219	0.231	0.250	0.278	0.293	0.325	0.251
河南	0.163	0.159	0.159	0.159	0.165	0.189	0.199	0.220	0.236	0.183
湖北	0.213	0.243	0.235	0.252	0.267	0.284	0.311	0.313	0.329	0.272
湖南	0.160	0.165	0.154	0.166	0.187	0.195	0.214	0.238	0.240	0.191
广东	0.423	0.404	0.452	0.466	0.497	0.516	0.513	0.514	0.524	0.479
广西	0.137	0.147	0.134	0.125	0.133	0.144	0.139	0.179	0.205	0.149
海南	0.155	0.159	0.151	0.155	0.160	0.209	0.220	0.216	0.207	0.181
重庆	0.232	0.248	0.224	0.225	0.200	0.243	0.234	0.259	0.296	0.240
四川	0.204	0.208	0.200	0.201	0.210	0.259	0.277	0.287	0.306	0.239
贵州	0.096	0.115	0.109	0.112	0.142	0.155	0.138	0.157	0.187	0.134

续表

年份\地区	2013	2014	2015	2016	2017	2018	2019	2020	2021	均值
云南	0.149	0.159	0.141	0.143	0.141	0.154	0.154	0.172	0.176	0.154
陕西	0.240	0.247	0.258	0.282	0.282	0.276	0.284	0.289	0.333	0.277
甘肃	0.178	0.163	0.158	0.150	0.161	0.186	0.181	0.182	0.174	0.170
青海	0.186	0.166	0.182	0.173	0.159	0.194	0.162	0.214	0.218	0.184
宁夏	0.110	0.117	0.130	0.115	0.151	0.184	0.160	0.164	0.198	0.148
新疆	0.121	0.113	0.100	0.100	0.103	0.105	0.112	0.098	0.129	0.109
均值	0.241	0.244	0.240	0.242	0.255	0.272	0.278	0.289	0.306	—
中位数	0.198	0.209	0.184	0.175	0.196	0.214	0.229	0.250	0.255	—
最小值	0.096	0.113	0.100	0.100	0.103	0.105	0.112	0.098	0.129	—
最大值	0.871	0.883	0.840	0.816	0.858	0.820	0.809	0.759	0.787	—
标准差	0.153	0.152	0.152	0.152	0.159	0.147	0.146	0.137	0.140	—

2. 省域和区域间的对比分析

从表4-2可以看出，总体上，我国省域间高质量发展的财政支出绩效情况差异较大，从各个省份的评价值年均值来看，排名前三位的分别是北京、上海及广东，其年均值分别为0.827、0.519和0.479，而排名后三位的是广西、宁夏和新疆，其年均值分别为0.149、0.148和0.109。其中，年均综合评价值最高的北京，其年均值高达0.827，而年均值最低的新疆，年均值仅为0.109，两个省份之间的差异巨大。除排名前三位和后三位的省份外，有14个省份的综合评价值低于0.2，这表示，绝大多数的地区在推动高质量发展的财政支出绩效上并不突出，甚至比较落后。从各个年份的最小值和最大值的比较来看，也可以证明区域间的巨大差异，如2013年，综合评价值最大是北京的0.871，最小值为贵州的0.096，此后几年，差异并未得到明显的缩小，如2020年，北京依然为综合评价值最高的地区，高达0.759，而最低的省份是新疆，其值为0.098。同时，每年度的综合评价值的中位数的数值均低于平均值，也说明了地区之间在支出绩效上的巨大差异。

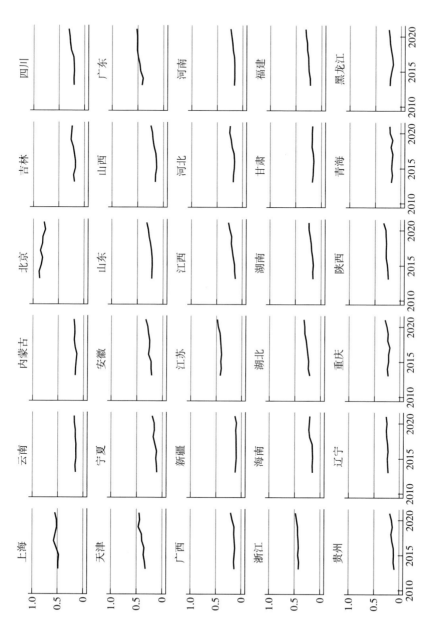

图 4-1 2013~2021 年我国 30 个省份高质量发展财政支出绩效综合评价

（1）从区域间来看，为了使区域间的对比更为直观，根据我国国家统计局的区域划分标准，将我国的 30 个省份划分为东部地区、中部地区、西部地区及东北地区，并对不同区域的综合评价值进行对比和分析。具体情况如表 4-3 所示。

表 4-3　2013~2021 年东部、中部、西部、东北四大区域间综合评价值

年份 地区	2013	2014	2015	2016	2017	2018	2019	2020	2021
东部平均	0.374	0.372	0.376	0.376	0.398	0.409	0.417	0.423	0.437
中部平均	0.175	0.184	0.178	0.196	0.205	0.221	0.237	0.255	0.276
西部平均	0.165	0.167	0.162	0.160	0.168	0.189	0.183	0.198	0.219
东北平均	0.212	0.218	0.199	0.185	0.199	0.221	0.245	0.241	0.248

由表 4-3 可知，在我国的四大区域中，作为最发达地区的东部，除经济发展水平最高外，在高质量发展及财政支出的绩效方面，综合评价值也最高，并呈现逐年上升的态势，东部地区各个省份的年均值从 2013 年的 0.374 上升到 2021 年的 0.437，数值上升了 0.063，呈稳步上升趋势。这说明东部地区在经济发展及高质量发展方面均取得了较好的发展。其余三个区域，总体上中部地区的综合评价值排名第二，且其综合评价值也呈较明显的上升态势，年均值从 2013 年的 0.175 上升到 2021 年的 0.276，数值上升了 0.101，上升的趋势和上升的数值幅度都较大。排名第三的是东北地区，东北地区尽管在综合评价值上也呈现上升的态势，年均值从 2013 年的 0.212 上升到 2021 年的 0.248，数值上升了 0.036，但是需要注意的是，2015~2017 这三年，东北地区的综合评价值低于 0.2，呈下降趋势，尽管自 2018 年开始回升，但上升的幅度较低，数值上的表现也不明显。而西部地区的经济发展水平始终在全国各个区域中处于后列，在本章的综合评价值的年均值上也处于较低的水平，西部地区的年均值只有 2021 年高于 0.2，在数值上达到了 0.219，但其余的年份均在 0.2 以下。同

时，西部地区尽管实现了从 2013 年的年均值 0.165 上升到 2021 年的年均值 0.219，数值上增加了 0.054，上升趋势明显，但从四个区域间的总体水平上来看，依然处于较低的水平。

另外，值得注意的是，通过对表 4-2 的我国四大区域间的综合评价值的对比分析可以看出，我国区域间高质量发展财政支出绩效综合评价情况呈以下趋势：第一，在区域的高质量发展潜力及财政支出绩效的提高方面，中部地区的潜力及支出绩效的改进状况最显著和亮眼，而东北地区的表现则不尽如人意。从数值上看，2013 年，综合评价值的年均值的地区排序为：东部>东北>中部>西部。但自 2016 年起，中部地区的综合评价年均值开始逐渐超过东北地区，这表明中部地区的财政支出在促进高质量发展方面的效率更高，发展更好。第二，尽管东北地区的综合评价年均值始终高于西部地区，但从综合值增长的幅度和趋势上看，西部地区的增长势头更为迅猛。这表明，西部地区的高质量发展的综合水平及财政支出绩效的推进状况要优于东北地区。第三，尽管中部地区和西部地区的增长速度飞快，但是东部地区始终处于较高的数值水平。从数值上看，2021 年，东部地区的综合评价年均值高出中部地区 0.161，高出东北地区 0.189，高出西部地区的数值高达 0.218；而在 2013 年，东部地区高于中部地区0.199，高于东北地区 0.162，高于西部地区 0.209，可见，东部地区与中部地区和东北地区的差异在日渐扩大，而与西部地区的差异则出现小幅的下降。这可能是由于国家针对西部地区的优惠政策，促进了西部地区的高质量发展。

（2）从省际对比的视角上来看，省域的差异巨大。从具体的省域来看，第一，综合评价值年均值在 0.4 以上的，只有北京、上海、江苏、浙江和广东，其余的省份综合评价值均在 0.4 以下，在余下的 25 个省份中，只有天津市的综合评价 9 年均值在 0.3 以上，数值为 0.396，接近0.4，其余的与以上 6 个省份的差距较大。综合评价年均值的第 7 名为陕西，其综合评价年均值为 0.277，与第 6 名天津市相差了 0.119，差距明显。第二，在 24 个综合评价年均值低于 0.3 的省份中，值处于（0.2 ~

0.3）的省份只有辽宁、陕西、四川、湖北、山东、福建、安徽、黑龙江、重庆和吉林10个省份，其余的14个省份的综合评价年均值均在0.2以下。第三，综合评价年均值最低的为新疆，其综合评价年均值为0.109，与综合评价年均值最高的北京相差了0.718，差异巨大。从省际间年均值的对比分析结果来看，省域间促进高质量发展的财政支出绩效的区域差异十分明显，这表明，在高质量发展方面，区域间存在着极大的不均衡和不平衡状况，尤其是头部省份与落后省份之间差异更大。

表4-4归纳总结了我国省际间综合评价年均值的分类和对比情况，整体上与各个省份的经济发展水平相一致。值得注意的是，有部分省份如河南和湖南，作为中部的头部省份，尤其是河南，其地区生产总值在全国排名第五，但高质量发展财政支出绩效的综合评价值却小于0.2，处于高质量发展综合评价的第三梯队，不仅与其经济发展的实际状况不对等，还与其所处的中部龙头地位不对等。而同为中部省份的湖北和安徽则表现亮眼，湖北的综合评价年均值为0.272，位居中部第一，其次是综合评价年均值0.266的安徽，究其原因，可能是因为这两个省份的科技和教育实力突出，使得其创新驱动能力较强，在推动高质量发展方面更为有效。

表4-4　省际间综合评价分类对比情况

第一梯队（6个）（综合评价值0.3以上）	第二梯队（10个）综合评价值（0.2~0.3）	第三梯队（14个）（综合评价值小于0.2）
北京、上海、江苏、浙江、广东、天津	辽宁、陕西、四川、重庆、湖北、山东、福建、安徽、黑龙江、吉林	河南、河北、内蒙古、江西、宁夏、新疆、海南、湖南、广西、贵州、云南、甘肃、山西、青海

注：由表4-2结果总结得来，城市顺序未按得分排名。

此外，作为西部省份的陕西，其综合评价年均值也较高，在区域分类中属于第二梯队，在具体的综合评价指标值上，其值为0.277，在第二梯队的省份中排名第一，表现亮眼。而作为东部省份的海南和福建，以及作为直辖市的重庆，其综合评价指标值均低于陕西。海南的综合评价年均值仅为 0.181，处于第三梯队，而福建尽管处于第二梯队，但综合评价值只有 0.264，不仅低于中部省份湖北和安徽，更低于西部省份陕西，表现并不尽如人意。出现这种情况的原因可能在于，陕西高教实力优势突出，有 3 所 985 高校，8 所 211 高校。优质高等教育资源的集聚，为陕西带来了优越的人才优势和创新要素集聚优势，创新要素和人才的集聚，在推动陕西高技术产业发展上发挥了巨大的驱动作用，也推动了高质量发展。而湖北和安徽同样具有相应的高等教育优势，因此，在推动高质量发展方面成绩十分突出，可见创新驱动以及对创新驱动产生重要推动作用的教育和人才集聚，在高质量发展中的作用重大。

（3）省份情况的具体分析。从省份的具体情况来看，可以归纳出 30 个省份在高质量发展的财政支出绩效方面的特征如下：第一，部分省份呈现稳定的增长态势，显示出这些省份的财政支出在推动高质量发展中的支出效率较高。呈现这种态势的省份主要有上海、江苏、浙江、安徽、福建、四川、广东、山东、山西、河北、天津、陕西等近半数省市。这说明我国绝大多数地区的财政支出确实推动了高质量发展。第二，部分省份综合指数呈增长回落、下降态势。比较有代表性的省份有北京、甘肃及新疆。以北京为例，北京尽管在 9 年间每一年的综合指数均排在全国首位，但是从综合值的变化来看，却呈现较为明显的下降趋势，2013 年北京的综合评价值为 0.871，到了 9 年后的 2021 年，综合评价值却下降到了 0.787，下降的数值接近 0.1，下降趋势明显。而新疆，尽管没有明显的下降趋势，但是在整个样本区间出现了较明显的下降，甚至在有的年份综合评价值跌破 0.1。类似的省份还有江西和甘肃。第三，部分省份出现了增长趋势不明显的发展态势。如内蒙古、海南、云南、青海等。这些省份中，一部分是增长趋势不大的省份，并且在有的年份综合评价值出现了回落等波动情况；另一部分是增长速度不明显的省份，如河南、辽宁、黑龙江等省份尽管也呈稳定增长态势，但是增长幅度较小，9 年间的综合评价值没有超过 0.3，增长态势并不明显，东北三省均有类似增长态势。具体情况如表 4-5 所示。

表 4-5 省份综合评价值的发展态势特征归纳

综合评价值稳定增长	综合评价值无明显增长	综合评价值增长回落、下降
上海、江苏、浙江、安徽、福建、四川、广东、山东、山西、河北、天津、陕西等	内蒙古、海南、云南、青海、河南、辽宁、重庆、黑龙江等	北京、江西、新疆、甘肃等

以上关于省份情况的具体分析，首先说明了在我国大部分的省份，财政支出在促进高质量发展方面都呈现较高的效率性。其次部分省的财政支出并未发挥较明显的高质量发展推动作用。对于那些增长态势不明显的省份，需要进一步改进财政支出的投向，并提升效益水平。从表 4-5 可以看出，综合评价值的年均值和年均增长率之间呈正相关的关系，即综合评价值的年均值越高，其年均增长率也越高，尤其是在 30 个省份中排名前 10 的省份，其年均增长值即年均值均处于前列，这说明在高质量发展的财政支出效率高的地区，其综合评价值增长速度也较高，省份之间已经形成了明显的梯队排列。而在年均值和年均增长率较低的省份，则呈现出省际间差异不明显的趋势，如辽宁、重庆、四川三地的综合评价值的增长率排名均为 12，表明地区发展的差异日渐缩小（见表 4-6）。

表 4-6 各省份综合评价年均值及年均增长率排名

地区	年均值	综合评价值排名	年均增长率（%）	增长率排名
北京	0.827	1	0.092	1
天津	0.396	6	0.044	6
河北	0.197	17	0.022	15
山西	0.179	23	0.020	18
内蒙古	0.163	25	0.018	22
辽宁	0.242	12	0.027	12
吉林	0.213	15	0.024	13
黑龙江	0.201	16	0.022	14

续表

地区	年均值	综合评价值排名	年均增长率（%）	增长率排名
上海	0.519	2	0.058	2
江苏	0.426	5	0.047	5
浙江	0.439	4	0.049	4
安徽	0.266	9	0.030	8
福建	0.264	10	0.029	10
江西	0.194	18	0.022	15
山东	0.251	11	0.028	11
河南	0.183	21	0.020	18
湖北	0.272	8	0.030	8
湖南	0.191	19	0.021	17
广东	0.479	3	0.053	3
广西	0.149	28	0.017	23
海南	0.181	22	0.020	18
重庆	0.240	13	0.027	12
四川	0.239	14	0.027	12
贵州	0.134	29	0.015	26
云南	0.154	26	0.017	23
陕西	0.277	7	0.031	7
甘肃	0.170	24	0.019	21
青海	0.184	20	0.020	18
宁夏	0.148	27	0.016	25
新疆	0.109	30	0.012	27

总体上看，近10年来，我国促进高质量发展的政府财政支出效率状况尽管省份之间还存在着较大的差异，但从整体上看，大部分省份的财政支出均较为有效地促进了各个省份的高质量发展。具体体现在，从创新发

展、协调发展、绿色发展、共享发展、开放发展等高质量发展的各个维度均得到了有效的改进。

3. 财政支出规模视角的评价结果的补充分析

以上对综合评价结果分析是基于财政支出效率值，本部分将从支持高质量发展的财政支出规模视角进行进一步的分析和判断。

尽管本书对各个省份的高质量发展财政支出效率进行了综合的测度，并得出了综合评价值，但考虑到指标的可获得性以及客观性，在对高质量发展财政支出效率规模视角的分析中依托指标体系，以构成指标体系的各项财政支出指标的统计数据为基础，对2013～2021年我国30个省份的高质量发展财政支出绩效进行分析。具体地，对高质量发展的财政支出规模视角的评价，依据前述高质量发展的财政支出绩效评价所选取的与支出有关的指标进行对比和分析。

表4-6列出了从财政支出规模视角对前述综合评价指标的补充性分析结果，从表4-1中可知，高质量发展的财政支出指标包括了科技支出、节能保护支出、社会保障及就业支出、交通运输支出及文化和传媒支出这五项，本书将其定义为高质量发展财政支出。第一，从高质量发展财政支出占国内生产总值的比重来看，各个省份的高质量发展财政支出的占比呈现出稳定增长的态势，在30个省份中，除北京、福建等个别省份2021年的比重低于2013年外，其他省份的占比均呈增长趋势。这说明近10年来，我国的财政支出高质量发展领域的投入增长明显。第二，从区域间的差异来看，2013～2021年的高质量发展占国内生产总值比重的年均值，呈现出西部地区＞东北地区＞中部地区＞东部地区的趋势，其中，西部地区的高质量发展财政支出占国内生产总值比重的年均值高达9.18，远远高于东部地区的4.92的年均值，这说明，西部省份在高质量发展方面的投入更多。第三，从省际间的发展态势来看，东部大部分的省份高质量发展财政支出占比呈现出较为稳定的态势，但一些省份出现了回落，如北京、福建、海南等；而一些省份的占比变化则较不明显，如浙江、江苏等。具体数据情况如表4-7和图4-2所示。

表 4-7　高质量发展各项支出占地区生产总值比重

年份地区	2013	2014	2015	2016	2017	2018	2019	2020	2021	年均值
北京	6.81	6.49	7.72	7.47	8.11	7.81	6.77	6.25	5.80	7.03
天津	3.62	3.62	3.99	4.12	4.48	4.33	7.31	5.93	5.60	4.78
河北	4.13	4.16	5.05	4.72	5.45	6.00	6.73	7.45	6.05	5.53
上海	4.81	4.59	5.18	7.03	7.49	6.77	5.71	5.37	5.18	5.79
江苏	3.06	3.01	3.23	2.93	2.84	3.06	3.21	3.47	3.24	3.12
浙江	3.21	3.16	3.92	3.56	3.43	3.66	4.02	3.90	3.85	3.63
福建	3.28	3.17	3.64	3.22	3.00	2.96	2.78	2.79	2.60	3.05
山东	2.76	2.70	2.98	2.81	2.86	3.06	3.69	3.82	3.62	3.14
广东	3.54	3.51	5.68	4.24	4.25	4.16	4.18	3.93	3.80	4.14
海南	7.96	8.26	9.28	9.33	8.92	9.81	9.76	9.54	7.68	8.95
东部平均	4.32	4.27	5.07	4.94	5.08	5.16	5.42	5.25	4.74	4.92
山西	6.52	6.54	7.46	7.34	6.84	7.15	8.39	8.98	7.00	7.36
安徽	5.79	5.90	6.53	6.47	6.04	5.86	5.76	5.60	5.20	5.91
江西	5.29	5.72	5.91	5.82	6.15	6.28	6.09	6.46	5.88	5.96
河南	4.31	4.14	4.55	4.46	4.34	4.58	4.67	4.87	4.34	4.47
湖北	4.80	5.22	5.75	5.52	5.26	5.42	5.34	5.93	4.93	5.35
湖南	5.00	4.66	4.94	5.02	5.20	5.20	5.19	5.45	4.71	5.04
中部平均	5.28	5.36	5.86	5.77	5.64	5.75	5.90	6.22	5.34	5.68
内蒙古	6.30	6.15	6.76	6.75	8.34	8.31	8.32	8.61	7.35	7.43
广西	5.42	5.13	5.51	5.26	6.11	6.19	6.05	7.28	6.07	5.89
重庆	6.90	6.62	6.98	6.45	6.46	6.49	6.27	6.33	5.80	6.48
四川	6.61	6.51	7.05	6.99	6.69	6.88	6.65	7.13	6.66	6.80
贵州	9.13	9.89	9.04	7.82	8.22	8.22	7.80	7.58	7.09	8.31
云南	10.80	11.18	10.99	9.83	9.56	8.86	7.75	7.87	6.91	9.31
陕西	6.38	6.58	7.18	6.32	6.33	5.97	6.13	6.40	5.75	6.34
甘肃	11.35	11.37	13.07	12.07	12.69	13.14	12.73	12.63	10.52	12.17
青海	21.97	19.71	21.80	19.15	15.83	17.35	18.96	22.79	18.63	19.58
宁夏	8.71	9.15	11.26	10.02	10.72	10.80	10.29	10.28	9.17	10.04
新疆	8.68	7.57	8.95	9.96	8.88	8.73	8.42	8.38	8.00	8.62

续表

年份 地区	2013	2014	2015	2016	2017	2018	2019	2020	2021	年均值
西部平均	9.29	9.08	9.87	9.15	9.07	9.18	9.03	9.57	8.36	9.18
辽宁	5.34	5.29	5.37	7.05	7.72	7.57	7.71	8.40	7.45	6.88
吉林	5.77	6.21	6.30	6.33	6.96	7.29	10.75	10.85	9.18	7.74
黑龙江	6.99	6.89	8.30	7.76	9.27	9.22	12.06	14.03	11.98	9.61
东北平均	6.03	6.13	6.66	7.04	7.98	8.03	10.17	11.09	9.54	8.08

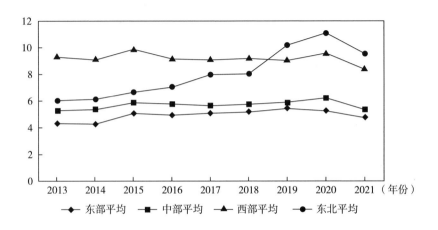

图4-2　不同区域间高质量发展财政支出比重

综合对比表4-2和表4-6可以发现，高质量发展财政支出规模与高质量发展的财政支出效率之间并不存在正相关关系，如高质量发展综合评价值排名第一的北京，在推动高质量发展中居于全国前列，但是其推动高质量发展的财政支出在国内生产总值的比重并不高，比重年均值为7.03，而高质量发展的财政支出比重最高的则是甘肃、青海、宁夏、云南等西部省份。而这几个西部省份的高质量发展综合评价值在全国都处于较低水平，以新疆为例，新疆的综合评价值在30个省份排名最后，但其高质量发展财政支出占财政支出比重历年均高于8%，远远高于北京、上海、河南等东部、中部省份。同时，在表4-5的各个省份的综合评价值年均增长率中也可以看出，西部地区较高的高质量财政支出投入，并没有带来相应的较高综合评价值的增长水平。

总体上，2013~2021 年，我国各个省份政府支出在促进高质量发展的支出效率方面效果明显。这表明财政支出有效地促进了高质量发展，财政支出在创新发展、绿色发展以及协调、共享等方面都取得了明显的收益。但是高质量发展的财政支出效率在区域之间、省份之间仍存在着明显差异。尤其值得注意的是，中西部省份尤其是西部省份，从财政支出规模视角来看，高质量发展财政支出的规模较大，但是其综合评价值却并没有相应的提高，即一方面其绝对的综合评价值的数值没有明显提升，另一方面其综合评价值的增长速度也没有明显提高。

三、本章小结

本章基于高质量发展五大发展维度，构建了评价我国高质量发展财政支出效率的综合评价指标体系，并运用熵值法对 2013~2021 年我国 30 个省份的高质量发展财政支出效率进行了综合评价。第一，基于高质量发展的五大发展维度，从创新、协调、绿色、开放、共享五个方面，分别选取符合高质量发展理念的 11 个财政支出类指标，构建了高质量发展的财政支出绩效评价体系，从而保证了指标体系能够较为全面地反映高质量发展财政支出的总体情况。第二，依据上述方法及指标体系，对 2013~2021 年我国 30 个省份高质量发展的财政支出绩效情况进行了测度，并对我国的高质量发展财政支出绩效情况进行了整体的对比和分析评价。第三，整体上看，2013~2021 年，我国的高质量发展及财政支出的绩效均呈现出改善的发展趋势，说明我国的财政支出促进高质量发展的绩效不断提高，但是依然有部分地区的绩效提升趋势不明显。第四，从区域间的对比来看，东部地区的综合评价值最高，并呈现逐年上升的态势，中部地区的综合评价值也呈较明显的上升态势，而东北地区在综合评价值上虽然也呈现出上升的态势，但出现了明显的增长回落趋势。西部地区在四个区域间依然处于较低的水平。另外，在区域的高质量发展潜力及财政支出绩效的提高方面，中部地区的潜力及支出绩效的改进状况最为显著和亮眼，而东北地区的表现则不尽如人意。第五，从省际层面的对比分析来看，我国省域间高质量发展的财政支出绩效情况差异较大。部分省份呈现稳定的增长态势，部分省份综合指数则呈增长回落，或下降态势。同时，部分省份出现了增长趋势不明显的发展态势。省际间的发展差异在不断增大。第六，通过从财政支出规模视角的补充性分析可以发现，高质量发展财政支出规模与高质量发展的财政支出效率之间并不存在正相关关系，即较高的高质量发展财政支出投入并未取得明显的推动高质量发展的作用。

第五章

高质量发展视域下的财政
支出绩效的实证分析

——以河南省为例

全面实施预算绩效管理是建立现代财政制度的重要组成部分，也是深化财税体制改革，建立现代财政制度的重要内容。党中央、国务院高度重视预算绩效管理工作。习近平总书记在党的十九大报告中强调，"要加快建立现代财政制度，建立全面规范透明、标准科学、约束有力的预算制度，全面实施绩效管理"。李克强总理提出，"要将绩效管理覆盖所有财政资金，贯穿预算编制、执行全过程"。2018 年中共中央、国务院印发了《关于全面实施预算绩效管理的意见》，对全面实施预算绩效管理做出了顶层设计和重大部署，再次充分肯定了中国预算管理的绩效导向。

财政预算绩效管理本质上是以绩效的理念和方法完善公共支出，其目的在于通过公共支出的结果导向，实现财政资源优化配置，降低政府公共服务和公共管理成本，通过融入绩效管理的手段，促进公共支出提质增效，从而提高公共部门支出的责任意识，做到"花钱必有效，无效必问责"（安百杰和张宁，2019）。

2017 年，党的十九大首次提出中国经济已经由高速增长阶段转向高质量发展阶段；2020 年，党的十九届五中全会提出，"十四五"时期经济社会发展要以推动高质量发展为主题；2021 年，国务院总理李克强在政府工作报告中再次强调，要"深入贯彻新发展理念，加快构建新发展格局，推动高质量发展"。

作为国家治理的重要基础和支柱，财政在引领经济社会高质量发展方面具有其他调控政策所不具备的优势，能够发挥关键性作用。从历史上看，财政在国家治理中发挥了关键作用，为各个时期的经济建设提供了有效的制度保障（高培勇，2018）。推动我国经济发展跨越关口、实现高质量发展，是财政部门履职尽责的应有之义。2022年的政府工作报告中提出，我国将继续提升积极的财政政策效能，增强财政可持续性。在助企纾困、稳就业保民生，促进消费和需求方面，财政将持续扩大支出，进一步提升财政支出的公共性和普惠性，优化财政支出结构。

高质量发展需要高质量财政的支持，为适应我国经济高质量发展阶段的时代要求，促进经济高质量发展，积极的财政政策要加力提效，要提高财政资金配置效率，聚焦重点领域和薄弱环节，进一步提高财政支出绩效，调整优化支出结构（刘昆，2018）。

河南省作为我国的劳动力输出基地、粮食生产基地、能源原材料基地、综合交通枢纽，具有相当的代表性。在高质量发展背景下研究河南省财政支出效率的提升与优化，不仅能够促进河南省财政支出绩效的进一步提升，还可以为国家级其他地区财政支出结构优化提供参考，同时也有利于中部崛起战略的顺利实施。

在高质量发展的背景下，2021年7月22日，中共中央、国务院正式公布了《关于新时代推动中部地区高质量发展的意见》，为中部地区高质量发展做出了纲领性的指引。根据意见的具体要求，推动中部地区的高质量发展，首先要全面贯彻新发展理念，并明确了创新、协调、绿色、开放、共享五个方面的重要任务，旨在通过五大发展理念的协同发力形成推动中部地区高质量发展的强大合力。作为中部六省之一的河南省通过精准布局、谋定长远，构筑高质量发展新优势。

一、实现河南省高质量发展的
现实基础和困境分析

（一）河南省新时期发展的高质量基础分析

1. 创新发展

创新是高质量发展的关键。河南省高度重视创新在现代化建设全局中的核心地位，《河南省人民政府关于强化实施创新驱动发展战略进一步推进大众创业万众创新深入发展的实施意见》等文件重点着眼于加速科技成果转移转化，促进实体经济转型发展。以创新提质增效为例，出台了《关于实施创新驱动提速增效工程的意见》；以财政支持科技创新为例，出台了《河南省支持科技创新发展若干财政政策》，研究提出 34 条支持政策，形成了支持创新驱动发展完整的财政政策体系。同时，为积极吸引人才流入，出台了《关于深化人才发展体制机制改革加快人才强省建设的实施意见》，致力于加大高层次专业技术人才支持培养力度。2021 年，河南省全社会研发投入突破千亿元；技术合同成交额首次超过 600 亿元；省财政科技支出同比增长 38%；高新技术企业、科技型中小企业数量分别同比增长 33%、28%。

2. 协调发展

为推动区域间的协调发展，河南省不断强化中心城市的规模效应和集聚效应，提出并建设了郑州国家中心城市、洛阳副中心城市，加快大别山革命老区振兴发展及县域经济高质量发展等区域发展战略，对促进河南区域协调发展起到了重要作用，同时为构建经济高质量发展提供了新思路。中心城市引领作用突出，2021 年，郑州、洛阳两地的生产总值为

12691.02亿元、5447.10亿元,同比增长4.7%和4.8%,对全省的经济贡献巨大。

在城乡协调发展方面,为积极推动新型城镇化建设和城乡融合发展,河南省采取诸多措施,如全面取消除郑州中心城区外的其他市县和省辖市的落户限制等。城镇化率不断提高。统计数据显示,城乡居民人均收入比大幅降低,城乡居民收入比由2015年的2.36下降到2021年的2.12。此外,县域经济发展成绩令人瞩目,经济活力持续增强。近年来,河南的全国百强县数量有7个,入围数量位居全国第四。

3. 绿色发展

在绿色治理方面,河南省累计出台了35部生态环境地方性法规、规章,并修订了26项生态环境地方标准。建立了生态环境分区管控体系及企业环境信用分级评价体系,并配套税收调控、绿色信贷、差别电价水价等激励政策。具体来说,在《河南省"十四五"生态环境保护和生态经济发展规划的通知》及《坚决遏制"两高"项目盲目发展行动方案的通知》等文件中,河南省明确了加强生态环境保护,推动生态经济发展的生态强省建设目标。具体绿色目标集中在黄河流域生态保护和高质量发展、产业绿色转型推进、生态经济稳步推进以及污染防治等方面。据统计,截至2021年,关停淘汰落后煤电机组600万千瓦,新增光伏发电装机1125万千瓦,能源结构持续优化;进一步降低能耗,提高能源利用效率,单位地区生产总值能耗、二氧化碳排放、用水量分别累计降低25%、28%、25.5%;在污染防治方面,全省重度及以上污染天数明显下降,空气质量优良天数比例达到66.7%。同时121个涉农县基本建成农村生活垃圾治理体系,95%的行政村生活垃圾得到有效治理。全省共创建国家生态文明建设示范县8个、"绿水青山就是金山银山"实践创新基地3个、国家生态园林城市2个、省级生态县22个。

4. 开放发展

河南省深入推进开放型经济体制改革,不断完善开放型经济发展政策措施,全方位融入"一带一路"建设,力图开拓内陆省份开放发展的新路

子。数据显示，2021 年前三季度，全省外贸进出口 5538.2 亿元、增长 46.2%，高于全国整体增速 23.5 个百分点，规模和增幅分别居全国第 12 位、第 4 位；对外直接投资 9.6 亿美元、居全国第 13 位，增长 19.1%；全省对外承包工程及劳务合作完成营业额 27.2 亿美元、居全国第 9 位，增长 15.8%。从中部地区来看，河南省进出口总值稳居中部第 1 位。

积极搭建跨境电商、境外经贸合作区、国际产能联盟等对外开放平台，在"十三五"时期，建立 3 个跨境电商综合试验区、4 个跨境电商进口试点城市，招商引资和对外合作投资分别有序开展，加快河南企业"走出去"的步伐；主动对接京津冀、长三角、粤港澳大湾区开展务实合作。成功举办多届中国（河南）国际投资贸易洽谈会、中国（郑州）产业转移系列对接活动、全球跨境电商大会等高级别会议。并推动科教文卫、农业等多领域对外合作，已建成 181 家省级以上国际科技合作平台。

5. 共享发展

共享发展着重关注社会的公平和正义，当前区域间、城乡间的公共服务水平差距较大，收入分配不公的问题也比较突出。为实现共享发展的理念，保障城乡居民生存发展基本需求，满足人民对美好生活的向往，河南省积极主动推动基本公共服务均等化的进程，让人民群众共享高质量发展的成果，逐步建立了符合省情，覆盖面广的基本公共服务体系。从河南省的财政支出结构来看，能够充分反映民生福祉的支出如教育支出、社会保障支出、医疗卫生支出等支出水平不断提高。

（二）河南省实现高质量发展面临的困境分析

尽管河南省在创新、协调、绿色、开放、共享五个方面均实现了较大突破，经济社会发展取得重大成就，但依然存在着区域发展不平衡不充分、创新动力不足等一系列的短板和不足，只有精准把握当前经济社会中的薄弱环节和领域，才能实现更高质量的发展。

1. 创新整体实力不强，引领带动能力不足

综合来说，河南省的科技创新投入略有不足，原始的创新能力薄

弱，高层次创新平台、重大科技基础设施较少，关键核心技术攻关能力不强，创新主体实力不强，高端创新人才团队匮乏，科技成果转化和产业化水平不高，全社会推动科技创新的合力尚未完全形成等问题，已成为制约河南省发展的突出短板。

数据显示，河南省的一般公共预算支出水平居于中部六省第一位，但是财政科技支出却远远落后于同为中部省份的湖北和安徽，如图5-1所示，中部六省财政科技支出最高的为安徽省，其次为湖北省，河南省支出情况排名第三。但科技产出的情况却不尽如人意，如图5-2所示，河南省技术市场成交额在中部六省中仅高于山西省和江西省。

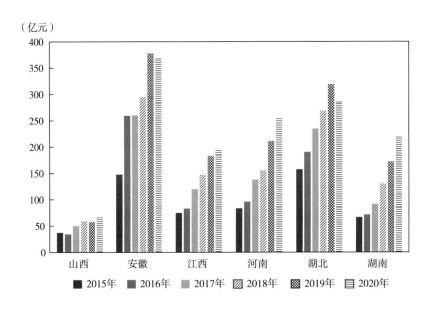

图 5-1　2015~2020 年中部六省财政科技支出情况

资料来源：历年《中国统计年鉴》。下同。

2. 区域协调和产业协调度较低

在协调发展方面，尽管河南省出台诸多政策推动区域协调发展和产业协调发展，但政策效果却不尽如人意。在区域协调发展方面，尽管河南省确定了洛阳和南阳的副中心城市地位，"一主两副"的区域发展政策明确，但在河南的 18 个地市中，郑州市的经济社会发展状况依然遥遥领先于其他地市。2020 年，郑州市的 GDP 对全省的贡献度为 21.6%，远远高于排名第二位和第三位的副中心城市洛阳 9.2%、南阳 7.4% 的贡献度。在人均 GDP 水平上，郑州市人均 GDP 水平突破 10 万元/人，排名第二（济源市排名第一，由于济源市人口较少，且行政区域也较小，在此不做重点分析），高出排名第三的许昌市近 2 万元/人，而副中心城市洛阳市和南阳市的人均 GDP 水平分别仅为 77190 元/人和 44705 元/人，远低于郑州市的水平。这说明副中心的带动力不足，而省会城市则出现了较为明显的"虹吸效应"。

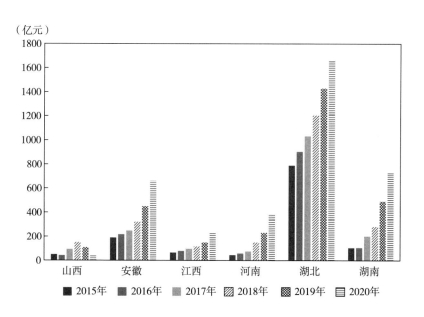

图 5~2 2015~2020 年中部六省技术市场成交额

从产业发展来看，产业结构不协调、产业层次偏低等问题仍是产业结构优化升级中的主要矛盾。整体上看，河南省的第一产业比重已经在 10% 以下，但仍有部分地市，如周口、南阳等地的第一产业占比高于 10%。部分城市如济源、许昌等的第二产业占比较高，而第三产业比重较高的城市，其第三产业以餐饮、零售行业为主，科技、金融等新兴产业的发展程度不高。同时，产业集群度也有待提高，粗放型的发展模式没有彻底转变。

3. 绿色发展有待加强

当前绿色低碳是产业结构调整和优化升级的主要目标和方向，在带动产业和消费向绿色低碳转变方面，河南省仍有诸多方面需要加强。从产业结构、能源利用效率等方面来看，2020 年河南省的第三产业占生产总值的比重为 48.7%，河南省高新技术产业的增加值仍远远低于高能耗产业的增加值。同时，产业结构中，能源消耗量大、产业链条短、碳排放量高的钢铁、水泥等重工业比例仍然偏高，产业结构仍需优化。

从碳减排和碳达峰来看，据数据估计，河南省在 2019 年的化石能源消费为 89.3%，远远高于已完成碳达峰的北京市的 70.4%，同时，能源消耗强度为北京市的 2 倍，碳排放强度为北京的近 4 倍。从能源消费结构上看，煤炭仍是主要的能源消费来源，在能源消费结构中占主导地位，对煤炭的能源依赖增加了河南省的降碳压力，成为河南省低碳经济发展的主要堵点。

4. 开放经济质量不高，开放活力后劲不足

当前，国内各个省份均在发展开放经济，区域竞争日益激烈，河南省的开放先发优势不断减弱。2021 年，河南省的进出口总值达 8208.1 亿元，居中部六省首位，全国第 10 位。但进出口以加工贸易为主，加工贸易进出口占河南外贸进出口总值的 61.9%，一般贸易占比较低，表明河南省对外开放质量仍具有较高提升空间。同时，尽管河南省进出口总值在中部居首，但在外商投资总额、外商实际投资企业数上，数据并不突出。如图 5-3 和图 5-4 所示，在中部六省，外商企业数最多的是湖北省，其次是湖南省，河南省仅排名第 3。在外商实际投资额的数据中，投资总额最高的是安徽省，其次是湖北省，河南省仅居第四位，从数据上看，河南的开放质量在中部并不具备优势。此外，河南省开放经济中，开放主体数量少、层次低，都限制了河南开放的活力和后劲。

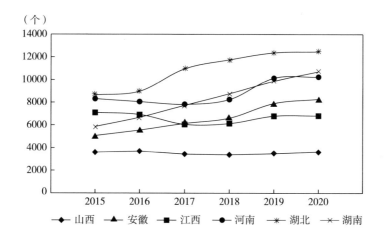

（个）

图 5-3　2015~2020 年中部六省外商企业数

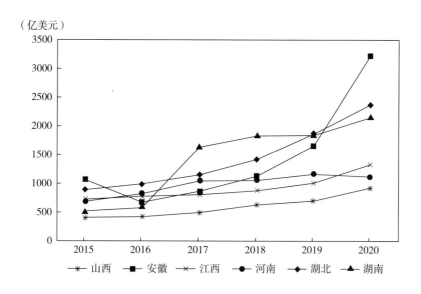

（亿美元）

图 5-4　2015~2020 年中部六省外商投资总额

5. 共享程度有待提升

共享是五大发展理念的出发点和落脚点，其主要目标是满足人民群众对美好生活的向往，本质上体现了共同富裕的要求，是全面建成小康社会的重要基石。从共享的本质和内涵来看，改善民生，做好各项民生保障和改善工作，持续提升人民的幸福感、获得感和安全感，是共享发展的主要任务。结合河南省的发展数据，着重从居民的收入水平、城乡收入和消费支出情况等方面分析共享发展存在的问题。如图5-5和图5-6所示，从数

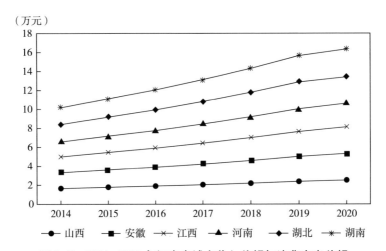

图 5-5　2014~2020 年河南省城乡收入差额与消费支出差额

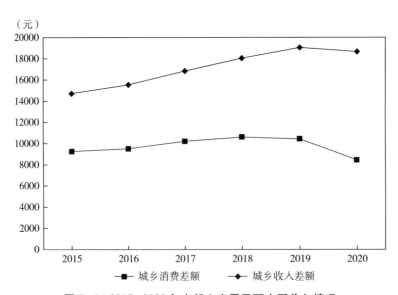

图 5-6　2015~2020 年中部六省居民可支配收入情况

据上看，河南省的城乡居民收入差额和消费支出差额自 2019 年出现了下降的趋势，说明河南省在城乡共享发展方面取得了积极成效。同时，河南省居民可支配收入从 2015 年的 17124.8 元，增长到 2020 年的 24810.1 元，增长了 1.45 倍，但与中部其他省份如湖北和湖南相比，差距显著，如何进一步提高人民的收入水平，分享经济增长红利，依然是河南面临的重要课题。

二、高质量发展视域下河南省财政支出绩效评价实证分析

通过以上分析可知，当前河南省高质量发展取得了巨大的成绩，表明在过去的一段时间财政在推动河南省高质量发展方面发挥了巨大的作用，有效提高了资源配置的效率，但河南省高质量发展依然存在着诸多不足与堵点。作为国家治理的基础，新形势下如何准确把握高质量发展的要求，进一步优化财政政策和财政支出效率，最大限度地发挥财政资金的使用效益，具有重要的现实意义和时代意义。

2021 年 7 月，国务院发布的《关于新时代推动中部地区高质量发展的意见》，对推动中部地区高质量发展提出了新的要求。河南省作为中部六省的龙头省份，在中部地区高质量发展中具有特殊地位和作用。本节基于河南省高质量发展状况，在构建推动河南省高质量发展绩效评价指标体系的基础上，系统梳理近年来河南省高质量发展相关的财政支出和产出情况，对河南省相关财政支出的高质量发展成效进行评价分析，一方面分析河南省高质量发展的相关工作成果，另一方面探索促进河南高质量发展的财政支出优化提升空间。

基于以上分析，并依据对中部地区高质量发展分解的五大重点任务以

及《河南省贯彻落实〈关于新时代推动中部地区高质量发展的意见〉重点任务分工方案》的内容和工作重点等的要求，参考《政府收支分类科目》的相关内容。本书从"创新、协调、绿色、开放、共享"五大发展理念把握经济高质量发展内涵，构建高质量发展指标评价体系，以河南省18个地级市为研究对象，基于2010~2020年面板数据，实证分析河南高质量发展水平的空间分布特征，为推进河南省经济高质量发展提供参考建议。

（一）高质量发展财政支出绩效研究方法与指标体系构建

1. 研究方法

（1）数据包络分析法。数据包络分析（Data Envelopment Analysis, DEA）是在前沿生产函数理论的基础上，评价决策单元相对有效性的分析方法。它通过非线性规划约束评价具有多个投入变量和产出变量，生成各个决策单元（DMU）的相对效率值，清楚地显示出各个决策单元的效率差异。此外，数据包络分析法是一种非参数估计方法，无须预先设定生产函数，可有效避免模型设定偏误带来的可能错误，由于诸多优点，DEA成为当前流行的效率分析方法。

DEA模型中的基本模型有CCR、BCC两种。其中CCR模型假定规模报酬不变，BCC则假定规模报酬可变。CCR模型只计算出综合效率，而BCC模型则考虑规模效率影响，将效率分解为综合技术效率（TE）、纯技术效率（PTE）和规模效率（SE），其规模报酬可变的特性更具有一般性，因此本书选取规模报酬可变的BCC模型，考虑到财政支出的产出效果不具备相应的稳定性，同时本书的主要研究对象为财政支出的效率，因此选择从投入角度导向测算河南省18个地市的高质量发展财政支出具体效率值，同时运用基于Malmquist指数方法对河南省18个地市高质量发展财政支出效率进行动态的变化测度。

BCC模型如下：

$Min\theta$

$$\sum_{j=1}^{m} \lambda_j X_j + S^- = \theta X_0$$

$$\sum_{j=1}^{n} \lambda_j Y_j - S^+ = Y_0$$

s. t. $\hspace{6cm}$ （5 − 1）

$$\sum_{j=1}^{n} \lambda_j = 1$$

$\theta < 1,\ S^- \neq 0,\ S^+ \neq 0$

$j = 1,\ 2,\ 3,\ \cdots,\ n$

其中，X 为投入变量，Y 为产出变量，n 为决策单元个数，S^- 为投入松弛变量，S^+ 为产出松弛变量，θ 为决策单元 DMU_{j0} 有效值，λ、S^-、S^+、θ 为待解向量。当决策单位 DEA 有效时，满足 $\theta = 1$，且 $S^- = 0$，$S^+ = 0$；当决策单位 DEA 弱无效时，满足 $\theta = 1$，$S^- \neq 0$ 且 $S^+ \neq 0$；当 $\theta < 1$ 时。当决策单元弱有效或者无效时，可根据具体情况增加产出、减少投入。

（2）Malmquist 指数。Malmquist 指数由 Caves 和 Diewert（1982）首次引入生产率分析领域，并由 Fare 等（1994）进一步发展，所建立的非参数线性规划方法。Malmquist 指数通过构造从 t 到 $t+1$ 期的 Malmquist 指数 $(x^{t+1},\ y^{t+1},\ x^t,\ y^t)$，分析效率的动态变化。本书选取经 Fare 改进后的全要素生产力指数分析。公式如下：

$$M(x^{t+1},\ y^{t+1},\ x^t,\ y^t) = \frac{D^{t+1}(x^{t+1},\ y^{t+1} \mid VRS)}{D^t(x^t,\ y^t \mid VRS)} \times \frac{D^{t+1}(x^{t+1},\ y^{t+1} \mid CRS)}{D^{t+1}(x,\ y \mid VRS)} \times$$

$$\frac{D^t(x^t,\ y^t \mid CRS)}{D^t(x^t,\ y^t \mid VRS)} \hspace{3cm} （5-2）$$

$$= \text{effch} \times \text{techch}$$

$$= \text{pech} \times \text{sech} \times \text{techch}$$

$$= \text{tfpch}$$

其中，$D^t(x^{t+1},\ y^{t+1})$、$D^t(x^t,\ y^t)$ 分别表示以 t 期为技术参考时 t 期和 $t+1$ 期的评价对象的决策单元距离函数，$D^{t+1}(x^{t+1},\ y^{t+1})$、$D^{t+1}(x^t,\ y^t)$ 含

义类似。其中，tfpch 为全要素生产率指数，effch 为综合技术效率，techch 为技术进步效率，pech 为纯技术效率，sech 为规模效率。

式（5-2）中，Malmquist 生产率指数（tfpch）表示生产率由 t 期到 $t+1$ 期的变化及政府效率的变化情况。若 tfpch 大于 1 表示效率提高，若等于 1 则表示效率不变，若小于 1 则表示效率下降。技术进步效率表示 DMU 决策单位的技术投入和创新情况，若大于 1 则表示有所改进；纯技术效率 pech 表示决策单位的管理水平，若其值大于 1 则表示经营管理水平改进；规模效率 sech 表示投资规模情况。若 sech 大于 1 则表示投资规模向最优规模接近。若 effch 或 techch 大于 1，则说明其对政府效率有促进作用，若小于 1 则表明该因素是政府效率降低的原因。

2. 指标体系构建

DEA 模型需要选取相应的投入项和产出项，以估计各个决策单元的效率系数。基于本书的研究目标，参考李茜和李艳丽（2019）、毛晖等（2018）的研究，并依据高质量发展的五个方面，选取了能够体现河南省高质量发展的投入和产出变量，投入和产出变量具体指标如表 5-1 所示。

表 5-1 投入产出项指标及含义

指标		指标含义或计算公式	高质量发展理念
产出指标	专利申请数	—	创新
	城乡居民收入比	—	协调
	对外开放情况	实际利用省外资金/生产总值	开放
	绿色发展状况	规模以上工业企业能源消耗量/地区生产总值	绿色
	医保覆盖率	各地市参加基本医疗保险人数/总人数	共享
投入指标	财政支出	各地市财政支出总额	—

（1）投入指标。根据既往文献的梳理及对高质量发展的认识，考虑创新、协调、绿色、开放、共享是财政支出的综合结果，同时，决策单元为河南省 18 个地市，DEA 方法有效的前提是决策单元数是投入产出项之和的 2 倍，因此选取投入项指标为各地市财政支出总额。

（2）产出指标。尽管高质量发展是经济社会综合发展的结果，财政的投入可以综合实现这一结果，但是高质量发展在内涵上具有明确的指向性。因此，从高质量发展的创新、协调、绿色、开放和共享五个方面选择反映河南省高质量发展的产出指标。

选取专利申请数反映各地市创新发展情况；选取城乡居民收入比反映各地市协调发展情况；考虑到河南省为内陆省份，对省外资金的利用情况更能反映其开放情况，因此选取省外资金利用率（实际利用省外资金与各地市生产总值之比）反映各地市的开放情况；选取规模以上工业企业能源消耗量与地区生产总值的比重反映各地市的绿色发展；同时考虑到数据的可得性和共享发展的内涵，选取医保覆盖率反映各地市的共享发展状况。

3. 数据来源及处理

本书数据主要来源于相关年份的《河南省统计年鉴》，部分数据来源于 EPS 数据库，缺失数据以平均法补齐。同时，所有经济数据均以 2010 年为基期进行数据平减处理。

4. 本节具体安排

本节的内容安排如下：

（1）计算各个决策单元的效率系数。选择河南省 18 个地市作为决策单元基于投入导向的 BCC 模型，在地区层面进行高质量发展财政支出绩效的评价和分析。

（2）对各个决策单元的相对效率值，进行综合效率、纯技术效率和规模效率的静态分析。

（3）对相对效率进行分解，利用 Malmquist 生产率指数分析各个决策单元 2010～2020 年全要素生产率指数（TFP）及其分解值。

（二）河南省高质量发展下财政支出绩效静态分析

本部分采用数据包络分析法，运用 DEAP2.1 软件对河南省 18 个地市促进高质量发展的财政支出效率进行实证分析，得出 2010～2020 年河南省 18 个地市促进高质量发展的财政支出的综合效率、纯技术效率以及规模效率。实证分析结果如下：

1. 河南省高质量发展财政支出综合效率及演变趋势分析

综合效率反映了被测地市财政支出的综合水平。综合效率为1，则表明该地市财政支出为 DEA 有效，处于生产前沿面；综合效率小于1，则表示该地市的财政支出效率相对较低。这一相对低水平可能是由于纯技术效率无效或规模效率无效所致。

表 5-2 是 2010~2020 年河南省 18 个地市的财政支出的综合效率情况。从总体上看，河南省促进高质量发展的财政支出效率的地区差异较大。相对效率平均值最高的为济源市，其平均值为 1.000，相对效率平均值最低的为周口市，其平均值为 0.245。10 年相对平均值在 0.9 以上的地市只有济源、郑州和洛阳，这三个地市有相当多年份的效率值为 1，表明这三个地市的财政支出效率在促进高质量发展方面都处于生产前沿面。除三个地市外，大部分地市的相对效率值较低，表明大部分地市的财政支出在促进当地高质量发展上没有取得较好的产出。分区域来看，地市间的财政支出综合效率差异明显，从各个地市的历年具体效率值来看，财政支出效率值最高的地市效率值为 1，最低的地市综合效率值仅有 0.23，差异显著。从河南省财政支出综合效率的历年平均值来看，综合效率平均值并未出现明显的波动或上升趋势，长期稳定在 0.55 左右，表明河南省的财政支出效率并未出现明显的改善。

表 5-2　2010~2020 年河南省各地市财政支出综合效率（crs）值

年份 地区	2010	2011	2012	2013	2014	2015	2016	2017	2018	2019	2020	年均 平均值
郑州	0.980	1.000	0.971	1.000	0.990	1.000	1.000	1.000	1.000	1.000	1.000	0.995
开封	0.347	0.351	0.388	0.420	0.448	0.443	0.472	0.442	0.431	0.389	0.435	0.416
洛阳	1.000	1.000	1.000	1.000	1.000	0.982	0.882	0.923	0.883	0.689	0.620	0.908
平顶山	0.369	0.423	0.481	0.545	0.537	0.544	0.559	0.536	0.461	0.449	0.474	0.489
安阳	0.321	0.393	0.412	0.422	0.392	0.428	0.405	0.409	0.470	0.434	0.479	0.415
鹤壁	0.772	0.738	0.779	0.648	0.595	0.589	0.611	0.667	0.649	0.618	0.645	0.665
新乡	0.700	0.629	0.555	0.698	0.780	1.000	0.937	0.881	0.970	0.861	0.701	0.792
焦作	0.629	0.698	0.623	0.800	0.596	0.641	0.751	0.756	0.768	0.715	0.871	0.714
濮阳	0.734	0.622	0.651	0.705	0.792	0.666	0.626	0.618	0.542	0.720	0.511	0.654

年份 地区	2010	2011	2012	2013	2014	2015	2016	2017	2018	2019	2020	年均 平均值
许昌	0.699	0.699	0.714	0.794	0.815	0.884	0.897	0.821	0.872	0.544	0.528	0.752
漯河	0.585	0.537	0.567	0.594	0.621	0.807	0.737	0.803	0.719	0.637	0.667	0.661
三门峡	0.434	0.439	0.436	0.473	0.487	0.505	0.468	0.491	0.458	0.442	0.442	0.461
南阳	0.310	0.310	0.305	0.365	0.350	0.416	0.354	0.370	0.344	0.340	0.384	0.345
商丘	0.268	0.277	0.280	0.286	0.288	0.287	0.323	0.334	0.355	0.331	0.332	0.306
信阳	0.230	0.247	0.250	0.258	0.258	0.258	0.297	0.357	0.313	0.287	0.303	0.278
周口	0.231	0.239	0.242	0.265	0.248	0.243	0.242	0.261	0.238	0.243	0.243	0.245
驻马店	0.260	0.273	0.274	0.280	0.283	0.280	0.301	0.299	0.281	0.268	0.285	0.280
济源	1.000	1.000	1.000	1.000	1.000	1.000	1.000	1.000	1.000	1.000	1.000	1.000
平均值	0.548	0.549	0.552	0.586	0.582	0.610	0.603	0.609	0.597	0.554	0.551	—

从综合效率历年值上看，发现财政支出效率的变化趋势如下：第一，省会郑州的财政支出效率值绝大部分年份均为1，传统经济强市洛阳市的财政支出效率值在2014年之前也均为1，表明河南两个生产总值最高地区是高质量发展较好的地区。第二，济源市的财政支出效率值每年都为1，平均值也为18个地市最高，表明济源市的财政支出效率每年都处于生产前沿面。出现这种情况的原因可能是，尽管济源市的生产总值并未居于全省前列，但是升级为省辖市的时间较晚，同时区域较小，人口较少，并且在2017年被确定为国家产城融合示范区，具有其他地区无法比拟的区位和政策优势，综合因素的作用使得其支出效率较高。第三，财政支出效率值排名后五位的地市分别为南阳市、商丘市、信阳市、周口市和驻马店市，其综合效率值均未超过0.4，其中综合效率平均值最低的为周口市。这五个市均是河南传统的人口大市和农业大市。出现这种情况的原因可能在于，人口的规模大和产业结构偏向于第一产业等诸多短板，导致创新、协调、绿色、开放、共享的高质量发展未能有效实现。

2. 河南省高质量发展下财政支出效率的纯技术效率分析

根据DEA方法的原理，纯技术效率由综合效率分解得出，指各个地市在剔除财政支出效率规模因素情况的财政资金使用管理效率。纯技术效率可以通过优化管理体制、方法等途径改进。一般来说，纯技术效率 vrs 值小于规模效率 scale 值，则表明决策单元的效率不足主要是由纯技术效率不足导致，应从管理入手，提高管理效率。

表5-3 是 2010~2020 年河南省 18 个地市的财政支出纯技术效率测算情况。从整体上看，18 个地市中，共有 9 个地市的纯技术效率的历年平均值在 0.9 以上，表明在当前的财政支出管理制度和支出规模下，财政支出利用率较高。但必须看到，纯技术效率平均值排名最低的南阳市的纯技术效率平均值仅为 0.481，与排名靠前的地市，如纯技术效率平均值为 1 的郑州市、鹤壁市、濮阳市及济源市等相比，差距巨大。除南阳市外，驻马店市和信阳市的纯技术效率值也较低，表明这些地市的财政支出管理水平和自身技术水平需要进一步提升。此外，值得注意的是，从河南省整体的纯技术效率历年平均值的变化趋势来看，河南省历年纯技术效率平均值呈现上升的趋势。这表明在整体上，河南省促进高质量发展财政支出的管理效率在不断地改善，从侧面反映出河南省的财政支出管理机制和制度在不断地优化。

表5-3　2010~2020 年河南省财政支出纯技术效率（vrs）值

年份\地区	2010	2011	2012	2013	2014	2015	2016	2017	2018	2019	2020	年均平均值
郑州	1.000	1.000	1.000	1.000	1.000	1.000	1.000	1.000	1.000	1.000	1.000	1.000
开封	1.000	1.000	1.000	1.000	1.000	1.000	0.806	1.000	1.000	0.682	0.846	0.939
洛阳	1.000	1.000	1.000	1.000	1.000	1.000	1.000	1.000	1.000	0.826	1.000	0.984
平顶山	1.000	1.000	1.000	1.000	1.000	1.000	1.000	1.000	1.000	0.671	1.000	0.970
安阳	1.000	0.698	0.751	1.000	1.000	1.000	1.000	1.000	1.000	1.000	1.000	0.950
鹤壁	1.000	1.000	1.000	1.000	1.000	1.000	1.000	1.000	1.000	1.000	1.000	1.000
新乡	0.737	0.645	0.593	0.707	0.785	1.000	1.000	1.000	1.000	1.000	0.847	0.847
焦作	0.638	0.705	0.626	0.802	0.617	0.654	0.752	0.827	0.785	0.801	1.000	0.746
濮阳	1.000	1.000	1.000	1.000	1.000	1.000	1.000	1.000	1.000	1.000	1.000	1.000
许昌	0.720	0.715	0.741	0.801	0.845	0.901	0.913	1.000	1.000	0.749	0.764	0.832
漯河	0.872	0.876	1.000	0.758	0.795	0.914	0.897	0.940	0.884	0.700	0.938	0.870

续表

年份 地区	2010	2011	2012	2013	2014	2015	2016	2017	2018	2019	2020	年均 平均值
三门峡	1.000	1.000	1.000	1.000	0.690	0.708	0.694	0.720	0.810	0.491	1.000	0.828
南阳	0.355	0.376	0.369	0.417	0.389	0.467	0.44	0.603	0.576	0.571	0.731	0.481
商丘	0.801	0.753	0.826	1.000	1.000	1.000	1.000	1.000	1.000	0.971	1.000	0.941
信阳	0.341	0.386	0.391	0.405	0.409	0.422	0.430	1.000	1.000	1.000	1.000	0.617
周口	0.644	0.674	0.621	0.596	0.554	0.562	0.579	1.000	1.000	1.000	1.000	0.748
驻马店	0.462	0.484	0.484	0.497	0.506	0.514	0.527	0.972	0.922	0.782	0.895	0.640
济源	1.000	1.000	1.000	1.000	1.000	1.000	1.000	1.000	1.000	1.000	1.000	1.000
平均值	0.798	0.795	0.8	0.832	0.811	0.829	0.835	0.948	0.943	0.847	0.946	——

3. 河南省高质量发展下财政支出绩效的规模效率分析

DEA 测算出的规模效率是指在不考虑管理因素的情况下，财政支出是否达到最优状态。分析决策单元的规模效率，有利于准确把握财政支出效率的调整方向，为全面提升财政支出效率做正确指引。

表 5-4 是 2010~2020 年河南省 18 个地市的财政支出规模效率情况。从整体上看，平均规模效率在 0.9 以上的地市有 6 个，分别是济源市、郑州市、洛阳市、焦作市、新乡市和许昌市，其中郑州市和济源市表现亮眼，济源市在 2010~2020 年，每年的规模效率都为 1，表明济源市财政支出规模效率已达最优效率水平；郑州市在 11 年中有 8 年的规模效率为1，洛阳市也有 5 年的规模效率为 1，表明这两个地市的财政支出的规模效率基本达到最优状态。分地区来看，区域间规模效率水平差异较大，开封市、安阳市、商丘市、周口市和驻马店市五个地市的规模效率均在 0.5 以下，占比达到 26%，表明财政支出效率的规模效率的区域差距明显。

表 5-4　2010~2020 年河南省各地市财政支出规模效率（scale）值

年份 地区	2010	2011	2012	2013	2014	2015	2016	2017	2018	2019	2020	年均 平均值
郑州	0.980	1.000	0.971	1.000	0.990	1.000	1.000	1.000	1.000	1.000	1.000	0.995
开封	0.347	0.351	0.388	0.420	0.448	0.443	0.586	0.442	0.431	0.571	0.514	0.450

年份 地区	2010	2011	2012	2013	2014	2015	2016	2017	2018	2019	2020	年均 平均值
洛阳	1.000	1.000	1.000	1.000	1.000	0.982	0.882	0.923	0.883	0.835	0.620	0.921
平顶山	0.369	0.423	0.481	0.545	0.537	0.544	0.559	0.536	0.461	0.669	0.474	0.509
安阳	0.321	0.563	0.549	0.422	0.392	0.428	0.405	0.409	0.47	0.434	0.479	0.443
鹤壁	0.772	0.738	0.779	0.648	0.595	0.589	0.611	0.667	0.649	0.618	0.645	0.665
新乡	0.950	0.974	0.936	0.988	0.994	1.000	0.937	0.881	0.970	0.861	0.827	0.938
焦作	0.987	0.990	0.995	0.997	0.967	0.980	0.999	0.914	0.978	0.892	0.871	0.961
濮阳	0.734	0.622	0.651	0.705	0.792	0.666	0.626	0.618	0.542	0.720	0.511	0.653
许昌	0.971	0.978	0.964	0.991	0.964	0.982	0.983	0.821	0.872	0.727	0.692	0.904
漯河	0.870	0.613	0.567	0.784	0.781	0.883	0.821	0.855	0.814	0.909	0.711	0.783
三门峡	0.434	0.439	0.436	0.473	0.706	0.713	0.674	0.681	0.565	0.900	0.442	0.588
南阳	0.873	0.824	0.827	0.876	0.898	0.891	0.804	0.614	0.596	0.595	0.525	0.757
商丘	0.334	0.368	0.338	0.286	0.288	0.287	0.323	0.334	0.355	0.341	0.332	0.326
信阳	0.673	0.64	0.638	0.637	0.630	0.611	0.690	0.357	0.313	0.287	0.303	0.526
周口	0.358	0.355	0.389	0.446	0.447	0.432	0.418	0.261	0.238	0.243	0.243	0.349
驻马店	0.563	0.563	0.567	0.564	0.559	0.544	0.571	0.307	0.304	0.342	0.318	0.473
济源	1.000	1.000	1.000	1.000	1.000	1.000	1.000	1.000	1.000	1.000	1.000	1.000
平均值	0.696	0.691	0.693	0.71	0.722	0.728	0.716	0.646	0.636	0.664	0.584	—

此外，只有个别地市的规模效率在个别年份出现了递增情形，如焦作市和许昌市在较多年份出现了规模报酬递增，其他地市除济源市和郑州市大多年份为规模报酬不变外，其他地市基本属于规模报酬递减状态。但自2017 年后，河南省除济源和郑州外的 17 个地市均处于规模报酬递减的状态，表明 2017 年前，焦作和许昌两地适当增加财政支出，有助于推动高质量发展，但 2017 年后财政支出的增加无助于推动高质量发展。这说明河南省大部分地市财政支出促进高质量发展方面，其投入规模都超过了最优规模，且较多的投入并没有带来最优的规模。

从演变趋势上看，河南省整体的财政支出规模效率平均值也呈现出递减的趋势，从 2010 年的 0.696 下降到 2020 年的 0.584，表明河南省整体上在促进高质量发展的财政投入规模与最优规模之间的差距越来越大。

（三）基于时间序列的 DEA-Malmquist 指数全要素生产率分析

通过对 Malmquist 生产率指数的分解，可直观反映出财政支出效率的实际状况和趋势，本部分采用 DEAP2.1 软件，计算 18 个地市 2010～2020 年财政支出全要素生产率指数（TFP）及其分解值，并对其进行分析。

1. 时间序列维度的财政支出效率 Malmquist TFP 指数及测算结果

表 5-5 列出了 2010～2020 年河南省 18 个地市财政支出效率的平均 Malmquist TFP 生产率指数变动趋势及其分解。从时间维度看，全要素生产率呈现出平稳中波动的态势。Malmquist TFP 指数最低的年份是 2014～2015 年，其值为 0.941，但在以后年份出现了增长的态势，2016～2017 年达到 1.378 的最大值，随后几个考察期，该指数呈现出较为平稳的态势。从年均角度来看，2010～2016 年 30 个省份的政府效率全要素生产率的动态变化平均值为 1.028，表示 2010～2020 年财政支出效率全要素生产率平均增长率高于 1，意味着河南省地市级的动态全要素生产率总体上出现上升的趋势，平均每年上升 2.8%，即数据的变动中体现出随着财政支出的不断增加，其效率也随之增加。

表 5-5 基于时间序列的财政支出效率平均 Malmquist 指数变动趋势及分解

年份	综合技术效率变化指数（effch）	技术进步指数（tech）	纯技术效率变化指数（pech）	规模效率变化指数（sech）	Malmquist TFP
2010～2011	1.015	0.972	1.004	1.011	0.987
2011～2012	1.011	0.957	1.002	1.009	0.967
2012～2013	1.070	0.907	1.048	1.021	0.971
2013～2014	0.990	1.007	0.970	1.020	0.997
2014～2015	1.042	0.903	1.030	1.012	0.941
2015～2016	1.001	1.003	1.009	0.992	1.004
2016～2017	1.019	1.352	1.168	0.872	1.378

续表

年份	综合技术效率变化指数（effch）	技术进步指数（tech）	纯技术效率变化指数（pech）	规模效率变化指数（sech）	Malmquist TFP
2017~2018	0.970	1.048	0.995	0.975	1.017
2018~2019	0.934	1.053	0.886	1.054	0.983
2019~2020	1.006	1.030	1.136	0.886	1.036
年均值	1.006	1.023	1.025	0.985	1.028

在对 Malmquist TFP 指数公式分解为 effch×techch ＝ pech×sech×techch 的基础上，发现如下结果：①从综合技术效率变动来看，除 2013~2014 年、2017~2018 年、2018~2019 年这三个考察期，其值小于 1，其余均大于 1，同时在 2010~2020 年整个考察期内，综合技术效率变化均值为 1.006，这说明，在整个考察期内，综合技术效率处于缓慢上升的状态。②技术进步和纯技术效率即技术变动较为明显，说明 Malmquist TFP 指数主要受到技术变动的影响，此趋势也可从图 5-7 中看出，tfpch 与 techch 的变动趋势基本一致。③纯技术效率变化指数绝大部分考察期均大于 1，其均值也大于 1，

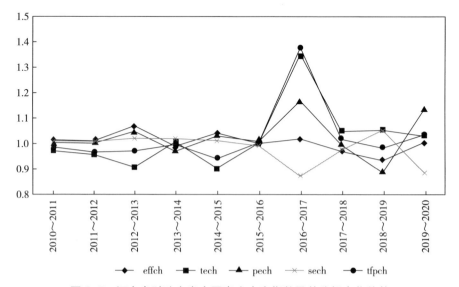

图 5-7　河南省财政支出全要素生产率指数及其分解变化趋势

说明财政支出的管理水平在不断提升。④规模效率变化指数 sech 均值为 0.985，接近1，说明规模收益情况不容乐观，与前述静态分析中各地政府效率规模收益递减状况吻合。

从分解情况来看，河南省地市级财政支出效率 Malmquist 指数的波动主要受技术变动影响，说明财政支出效率改进的方向在于进一步更新管理手段及创新管理方式，并进一步提高规模收益情况，扭转规模收益递减的状况。

2. 区域维度的财政支出效率 Malmquist TFP 指数及其测算结果

表5-6给出了各个地市平均 Malmquist TFP 指数及其测算结果。TFP 指数大于1，则意味着全要素生产率（TFP）水平有所改善，财政支出效率呈增长和改善趋势。全省有11个地市的 TFP 指数值大于1，表明这11个地市的全要素生产率水平得到改善，财政支出效率变动呈增长趋势。剩余地市的 TFP 指数尽管小于1，但 TFP 指数均超过了0.95，排名靠后的有三门峡市、周口市、驻马店市和濮阳市，这四个地市的 TFP 指数均在0.99以下，表明这几个地市的财政支出效率以平均每年大于1%的速度倒退，其中濮阳市的 TFP 指数为0.951，情况不容乐观。从一个方面也说明，河南省地市级政府的财政支出效率提升空间巨大。

表5-6 基于区域维度的各地市政府效率平均 Malmquist 指数及构成测算结果

地市	effch	tech	pech	sech	tfp	排名
郑州	1.002	1.127	1.000	1.002	1.129	1
开封	1.023	0.998	0.983	1.040	1.021	9
洛阳	0.953	1.086	1.000	0.953	1.035	8
平顶山	1.025	1.014	1.000	1.025	1.040	6
安阳	1.041	1.015	1.000	1.041	1.057	5
鹤壁	0.982	1.013	1.000	0.982	0.995	12
新乡	1.000	1.082	1.014	0.986	1.082	3
焦作	1.033	1.079	1.046	0.988	1.115	2
濮阳	0.964	0.986	1.000	0.964	0.951	18

地市	effch	tech	pech	sech	tfp	排名
许昌	0.972	1.066	1.006	0.967	1.036	7
漯河	1.013	0.99	1.034	0.98	1.003	10
三门峡	1.002	0.962	1.000	1.002	0.964	17
南阳	1.022	1.046	1.075	0.950	1.069	4
商丘	1.022	0.973	1.022	0.999	0.995	12
信阳	1.028	0.976	1.114	0.923	1.003	10
周口	1.005	0.962	1.045	0.962	0.967	16
驻马店	1.009	0.964	1.068	0.944	0.972	15
济源	1.000	0.986	1.000	1.000	0.986	14
平均值	1.005	1.017	1.022	0.983	1.022	—

继续考察 Malmquist TFP 指数中的其他分解指数的变动情况后发现，河南省 18 个地市的综合技术效率波动较小，且大部分地市的效率值均在 1 以上，观察技术效率值和规模效率值指数之后发现，规模效率指数小于 1 的地市多达 12 个，技术效率指数值小于 1 的地市也有 9 个，表明这些地市全要素生产率波动的主要原因来自技术效率和规模效率。

从动态的角度分区域分析，如前文所述，TFP 为动态效率，其平均水平体现了财政支出对高质量增长的贡献。根据表 5-6 可知，考察期内，总体的全要素生产率年均增速为 2.2%，说明在全省范围内平均财政支出的效率在持续改善。分区域来看，财政支出效率最明显的是郑州市，其平均的增长速度为 12.9%，其次是焦作市，其增长速度为 11.5%，此外，安阳、新乡、平顶山的表现亮眼，增长速度均在 4%。值得注意的是规模效率指数（sech）的平均值为 0.983，而其他效率指数均大于 1，这与静态分析中大部分地市的规模效率呈现规模报酬递减的状况一致，说明河南省应注意提升财政支出的规模效率，力求实现财政支出和产出之间的最优化。在 Malmquist 指数分析中，我们发现对比静态分析的结果，在财政支出效率静态分析中表现亮眼的济源市，其动态结果并不理想，尽管综合效率、纯技术效率、规模效率都大于 1，但技术效率却小于 1，其值为 0.986，说明济源市提高财政支出效率的主要途径应放在管理体制的优化上。

3. 结论与启示

通过河南省高质量发展下地市级财政支出效率的实证检验的结果分析，本书发现如下结论和启示：

（1）从总体上看，河南省促进高质量发展的财政支出效率的地区差异较大。除济源、郑州、洛阳三个地市外，大部分地市的相对效率值较低，表明大部分地市的财政支出在促进当地高质量发展方面没有取得较好的产出。分区域来看，地市间的财政支出综合效率差异较为明显。从河南省财政支出综合效率的历年平均值来看，综合效率平均值并未出现明显的波动或上升趋势，长期稳定在 0.55 左右，表明河南省的财政支出效率并未出现明显的改善。

（2）从纯技术效率测算情况的结果来看，河南省当前的财政支出管理制度和投入规模下，财政支出得到了较为充分的利用。但地市之间仍存在较大差距。部分地市的财政支出管理水平和自身技术水平需要进一步提升。此外，河南省历年整体的纯技术效率平均值呈现上升的趋势，表明在整体上，河南省促进高质量发展财政支出的管理效率在不断地改善。这从侧面反映出，河南省的财政支出管理机制和制度在不断地优化。

（3）从规模报酬方面来看，财政支出效率的规模效率的区域差距很明显，此外，只有个别地市的规模效率在个别年份出现了递增情形，大部分地市基本属于规模报酬递减状态，说明河南省大部分地市财政支出促进高质量发展方面，其投入规模都超过了最优规模，且较多的投入并没有带来最优的规模。从演变趋势上看，河南省整体的财政支出规模效率平均值呈现递减的趋势，河南省整体上在促进高质量发展的财政投入规模与最优规模之间的差距越来越大。

（4）基于 Malmquist TFP 指数的动态分析发现，从整体上看，河南省地市级的动态全要素生产率总体上出现上升的趋势。分区域看，大部分地市 Malmquist TFP 指数大于 1，财政支出效率呈增长和改善趋势，但有四个地市的 TFP 指数在 0.99 以下，表明其财政支出效率提升空间巨大。

三、高质量发展视域下河南财政
支出绩效影响因素分析

本章第三部分运用 DEA 的 BCC 方法对高质量发展视域下河南省财政支出效率进行了实证评价和分析，结果表明河南省各地市的财政支出效率存在较大差异。鉴于以上背景，本部分以 DEA 方法计算出来的综合效率值为因变量，运用 Tobit 模型，采用 2010～2020 年河南省 18 个地市的数据，对影响河南省高质量发展财政支出效率的影响因素进行回归分析，以探讨影响河南省高质量发展财政支出效率的具体原因。

（一）研究方法与指标选取

1. 研究方法

DEA 模型可以从静态和动态的角度分析效率的变化，但无法有效识别影响效率水平的因素，同时，DEA 模型计算得出的效率值的区间在 0～1，具有截断数据的特征，因此因变量受到限制，而 Tobit 模型可以避免最小二乘法因受限因变量而产生的估计偏差，因此本部分选择 Tobit 模型分析高质量发展财政支出效率的影响因素。

根据以上分析，构建如下基本计量回归模型：

$$Y_{it} = \alpha + \beta_k X_{it} + \varepsilon_{it} \hspace{3cm} (5-3)$$

其中，Y_{it} 为被解释变量，即河南省 18 个地市经 DEA 方法测算所得效率值；X_{it} 为相关影响财政支出效率的一系列因素，β 为相应待估系数值；ε_{it} 为随机误差项。

2. 变量选取与说明

高质量发展属于经济社会的综合发展，是多种因素互相作用的共同结

果，根据本书的研究目标及对既往文献的借鉴，选择如下指标作为影响财政支出效率的因素进行回归分析。

（1）经济发展水平（lnpgdp）。高质量发展的基础来自经济基础，财政支出的基础也来自经济基础，只有在经济发展水平达到一定程度时，才有必要和可能性发展高质量经济。另外，经济发展水平在一定程度上反映了当地的社会发展状况和管理水平，较高的经济发展水平一般伴随着较好的社会发展状况和管理水平，反映到财政支出上，就意味着财政支出的效率会相对较高。因此，选取经济发展水平这一指标进行分析，以实际人均GDP的自然对数值代表经济发展水平。

（2）人均GDP的平方项（lnpgdp^2）。大量研究证实，财政支出与经济发展水平直接可能存在着非线性的关系，如前文所述，大部分地市的财政支出效率存在着规模报酬递减的趋势，因此，借鉴以往的研究结果以及前述财政支出效率的结果，将人均GDP自然对数值的平方项纳入计量方程，以此考察财政支出效率与经济发展水平之间的非线性关系。

（3）财政支持度（gov）。政府在经济的发展中发挥着重要作用，而高质量发展的内涵决定了政府财政的支持力度及高质量发展的状况和方向。另外，当前我国的发展主要驱动力和经济增长的方向性纲领也主要来源于政府，由此可见，政府的财政支持度对高质量发展的影响举足轻重。财政支持度以财政支出与GDP的比重表示。

（4）产业结构状况（chanye）。高质量发展包括创新、协调、绿色、开放、共享五个方面，这五个发展方向都离不开产业结构的完善和优化升级，产业结构转向创新、绿色，才能有效地推动高质量发展，现有文献证实，产业结构变迁对经济增长质量有着重要影响（张榫榫等，2021）。因此选择产业结构的状况作为影响因素纳入回归分析，产业结构的状况以第三产业增加值与GDP的比重表示。

（5）对外开放状况（open）。区域对外开放状况反映了区域内商品、服务和要素等自由流动的状况，学者一致认为，对外开放是推动经济发展的重要因素，较高的对外开放程度意味着更高的比较优势和专业化水平，有利于制度创新和技术进步，能够给高质量发展注入更深的动力和活力（吴刚等，2022）。选择各地市的进出口总额实际值的对数值作为影响因素纳入分析。

以上数据均来自相关年份的《河南统计年鉴》及 EPS 数据库，相关经济数据均以 2010 年为基期进行消胀处理。数据的描述性统计分析如表 5-7 所示。

表 5-7　变量的描述性统计分析

变量名	样本量	均值	标准差	最小值	最大值
chanye	198	0.318	0.133	0.0274	0.596
open	198	5.697	7.949	0.786	44.66
lnpgdp	198	10.574	0.441	9.468	11.604
lnpgdp^2	198	112.001	9.317	89.651	134.649
gov	198	0.153	0.035	0.089	0.222
effi	198	0.680	0.245	0.238	1

（二）Tobit 回归结果分析

通过以上变量选取，结合 Tobit 模型的标准形式，借鉴苏荟和刘奥运（2020）的研究，确定如下 Tobit 回归模型：

$$effi_{it}=\beta_0+\beta_1 lnpgdp_{it}+\beta_2 (lnpgdp)^3+\beta_3 gov_{it}+\beta_4 chanye_{it}+\beta_5 open_{it}+\varepsilon_{it} \quad (5-4)$$

此外，Tobit 回归的被解释变量为财政支出效率（effi）。其中，$effi_{it}$ 表示 2010~2020 年河南省 18 个地市的综合效率值，由第三部分的 DEA 方法测算得出；β_i（$i=1$，2，3，4，5）为待估系数值；ε_{it} 为随机误差项。本部分的实证结果由 Stata16 得出，回归结果如表 5-8 所示。

由表 5-8 的回归结果可知，首先，Prob>Chi^2 = 0.0101，表明模型回归结果中不存在多重共线性、异方差与序列相关等问题。回归结果中经济发展水平、经济发展水平的平方项、产业结构状况以及财政支持度均在 5% 的显著性水平上影响河南省高质量发展的财政支出效率，其中对外开放状况对高质量发展财政支出效率的影响不显著且系数较小。值得注意的是，经济发展水平的平方项对高质量发展的影响系数为 - 0.0815，反映了河南省的经济发展水平对河南省的高质量发展财政支出效率产生了负面作用，即财政支出的不断扩大，其对财政支出效率并未产生持续促进作用，反而产生了倒 U 形的抑制作用，出现了财政支出和投入拥挤或规模效率递减等问题，因此，促进高质量发展，一味地增加财政支出，可能并不能取得 "1+1>2" 的效果，财政支出的投入过多会导致效率低下，财政支出应优化结构，提高支出效率。

表 5-8　Tobit 回归结果

解释变量	系数值	标准差	t 值	P 值
lnpgdp	1.6939	0.704	2.41	0.016
lnpgdp^2	−0.0815	0.033	−2.44	0.015
chanye	0.1422	0.692	2.05	0.040
gov	−0.4865	0.243	−2.01	0.045
open	0.001	0.001	0.88	0.376
_ cons	−8.0556	LR chi^2（5）	15.06	
Prob>chi^2	0.0101			

就经济发展水平来说，其与高质量发展财政支出效率的关系符合预期，具体来说，当人均 GDP 每增加 1 个百分点，则促进高质量发展的财政支出效率将增加 169.39 个百分点。这说明，高质量发展的基础来自经济发展水平，只有较高的经济发展水平，才具备经济高质量发展的现实基础。因此，作为经济发展水平较为落后的地市来说，首要任务仍是要促进经济的发展。

就产业结构状况的回归结果来说，产业结构状况对高质量发展财政支出效率有正向促进作用。可见，产业结构的升级能够促进新旧动能的转换，促进经济的不断变迁，有利于促进高质量发展财政支出效率的提高。

而财政支持度对高质量发展的财政支出效率则呈现出负面影响，这说明河南省的地市级的政府活动，并未有效地促进高质量发展的财政支出效率。出现这种情况的原因可能是，政府主导的高质量发展并没有取得预期的效果。此外，对外开放状况对高质量发展存在并不显著的正向促进作用，可能是由于作为内陆省份，除郑州和洛阳两个副中心城市外，其他的地市相对较为封闭，对外开放程度不够，因此未对高质量发展财政支出效率产生明显促进作用。

（三）主要结论

本部分在第二部分 DEA 方法测算的基础上，以 DEA 方法计算出来的综合效率值为因变量，运用 Tobit 模型，对 2010～2020 年河南省 18 个地市的高质量发展财政支出效率的影响因素进行了分析和讨论，以探讨影响河南省高质量发展财政支出效率的具体原因。Tobit 回归结果得出的结论如下：经济发展水平决定了高质量发展财政支出效率的状况，一般来说，经济发展水平越高，高质量发展的财政支出效率相应越高。但值得注意的是，经济发展水平与高质量发展财政支出效率之间存在倒 U 形关系。即财政支出规模的不断扩大，并不能对财政支出效率产生持续促进作用，反而出现了财政支出和投入拥挤或规模效率递减等问题。因此，促进高质量发展，不能仅仅依靠财政支出的增加，财政应优化结构，提高支出效率。其他的因素也会对河南省高质量发展财政支出效率产生影响，如产业结构的优化升级可以提高高质量发展的财政支出效率，同时，财政支持度的提高并不能提升高质量发展的财政支出效率，且作为内陆省份对外开放水平对高质量发展不存在显著的正向促进作用。

四、优化河南省高质量发展财政
支出绩效的思路和对策

推动高质量发展是满足人民日益增长的美好生活需要的要求，是新发展理念和新发展阶段的要求，经济的高质量发展离不开财政的大力支持，而财政支持的效果与财政支出的绩效有关，特别是在当前的大环境下，财政收入增长乏力，地方政府财政压力剧增。在此背景下，如何进一步优化财政政策选项，发挥财政资金的使用效益，同时加强财政投入保障与使用管理，更好地促进河南省高质量发展，成为促进经济高质量发展的重要手段和基础。基于前文的定性和定量分析结论，本章提出以下优化高质量发展视域下河南省财政支出绩效的优化路径：

1. 完善高质量发展财政支出绩效评价的顶层设计

首先，应按照高质量发展的内涵和要求，合理地设置财政支出绩效评价体系，充分反映出投入产出、宏观经济内外循环等高质量发展方面的特征；其次，高质量发展是涉及经济、社会、生态等多层面多维度的系统性目标，相应地高质量发展的财政支出绩效评价体系也要满足和体现全面、系统、普遍、协调等多维度、多层面的要求，确保实现高质量发展的目标；最后，需聚焦河南省高质量发展的短板和堵点，在设计高质量发展财政支出绩效评价体系时，坚持有所侧重，增强针对性，根据不同区域和主体的具体情况来设置目标，同时更新思想观念、管理体制，加快解决高质量发展中的主要瓶颈。

2. 构建体现高质量发展要求的财政支出绩效指标体系和考核评价体系

首先，要借鉴已有成功经验，如广东佛山模式，以"集中财力办大事"为指导原则，构建相应财政支出绩效指标体系，实现高质量发展目标与财政支出绩效的有效结合；其次，要结合河南省委、省政府高质量发展的具体目标，强化各地市高质量发展的财政支出绩效要求，在此基础上，构建地市级财政支出高质量发展绩效评价指标体系，同时，还需要建立相应的绩效评价指标体系，以评估各地市财政支出的高质量发展绩效；最后，要按照部门预算的要求，建立相应的部门高质量发展绩效指标标准体系，以确保各部门的财政支出能够实现高质量发展目标。同时，还需要建立相应的绩效评价指标体系，以评估各部门财政支出的高质量发展绩效。

3. 强化财政支出绩效评价的结果应用

绩效评价结果的应用是财政支出绩效评价的根本目的，也是提升财政支出绩效的主要途径和突破口。在绩效评价结果已出的前提下，重视绩效评价结果的结果应用，真正做到"评有所用"。具体来说，首先，要强调评价结果应用的重要性，在剔除不可控因素的基础上，锚定评价结果的责任主体，建立评价结果与政策调整挂钩的管理机制，务求不断调整财政资源的配置，提升财政支出效率；其次，在项目管理上，应优先保障支出绩效较高的项目和政策，对重复的项目和沉淀的项目做到及时清理和调整；最后，在绩效评价结果的基础上，适时有效地分析影响支出绩效的因素，总结影响绩效的因素，并从制度层面提出优化绩效的可行性方案。

4. 建立推动高质量发展的财政支出绩效管理保障体系

首先，建立健全全过程的高质量发展财政支出管理链条，将高质量发展的理念深入融合进财政支出预算、财政支出执行和财政支出监督的全过程；其次，在财政支出绩效评价的各个阶段融入高质量发展的理念，将符合高质量发展的支出任务和支出项目优先纳入预算安排，在管理制度上突出高质量发展目标；再次，要加强相关的制度建设，规范财政支出管理行为。如加强对财政资金使用的监督和审计，实现公开透明的资金使用情况，强化政府的信息公开制度，促进公众监督；最后，要加强人才培养和管理，提高财政工作人员的专业素养和绩效管理能力，为高质量发展提供有力的人力支持。

五、本章小结

基于创新、协调、绿色、开放、共享的五大发展理念，本章立足河南现实情况，在分析河南省促进高质量发展现实基础和面临的主要困境的基础上，构建河南省高质量发展财政支出绩效的投入产出指标体系，以 2010~2020 年河南省 18 个地市的面板数据为基础，利用 DEA 模型的 BCC 方法及

DEA-Malmquist 指数法，以地市级高质量发展财政支出效率为分析视角，从静态及动态角度测算并分析了河南省 18 个地市高质量发展下财政支出绩效的情况及发展趋势，并在测算高质量发展财政支出绩效的基础上，利用 Tobit 模型，分析了影响高质量发展财政支出绩效的影响因素。DEA 和 Tobit 模式的实证分析的结果显示，第一，从综合效率来看，河南省促进高质量发展的财政支出效率的地区差异较大，大部分地市的财政支出在促进当地高质量发展上没有取得较好的产出。从整体上看，河南省的高质量发展的财政支出效率并未出现明显的改善；分区域来看，地市间的财政支出综合效率差异较为明显。第二，河南省整体历年纯技术效率平均值呈现上升的趋势，表明在当前的财政支出管理制度和投入规模下，河南省的财政支出得到了较为充分的利用，反映出河南省的财政支出管理机制和制度在不断地优化，但地市之间仍存在较大的差距，部分地市的财政支出管理水平和自身技术水平需要进一步提升。第三，从规模报酬方面来看，只有个别地市的规模效率在个别年份出现了递增情形，大部分地市基本属于规模报酬递减状态，说明河南省大部分地市财政支出促进高质量发展方面，其投入规模都超过了最优规模，且较多的投入并没有带来最优的规模。第四，从 Malmquist TFP 指数的动态分析中发现，从整体上看，河南省地市级的动态全要素生产率总体出现上升的趋势；分区域来看，大部分地市 Malmquist TFP 指数大于 1，财政支出效率呈增长和改善趋势。第五，Tobit 回归结果显示，经济发展水平、产业结构状况是影响高质量发展财政支出绩效的主要促进因素。经济发展水平越高，高质量发展的财政支出绩效越高，但回归结果也显示，经济发展水平与高质量发展财政支出绩效之间又存在倒 U 形的关系。此外，财政支持度对高质量发展的财政支出效率则具有负向影响。

基于以上分析，在高质量发展阶段，河南省应在全面认识高质量发展内涵的基础上，基于五大发展理念视角，结合自身的现实和优势，将财政支出锚定在有效促进创新、协调、绿色、开放、共享五个方面，进一步优化财政政策选项，最大限度发挥财政资金的使用效益，更好地促进河南省高质量发展。

第六章

基本结论、政策建议和研究展望

　　本章在前述理论分析与实证分析的基础上，对高质量发展及财政支出绩效评价相关内容进行系统梳理和全面回顾。通过对我国财政支出绩效评价的现状分析，提出了一些政策建议和研究展望，并基于高质量发展的视角对新发展阶段我国财政支出绩效评价的理念重构、体系构建提出具体的对策建议，以完善我国高质量发展视域下财政支出效率和绩效评价工作。具体地，通过对目前高质量发展背景下的财政支出效率情况的研究和分析，为财政预算的编制提供依据，进一步提高财政支出的效率和绩效，继续完善财政支出绩效和预算绩效工作的安排。提出了对财政支出绩效和预算绩效工作的完善的建议。通过评价财政支出的绩效，提高财政支出的效率和效益。本章建议加强对财政支出绩效和预算绩效的评价和监控，制定科学的绩效评价指标，建立绩效评价体系，完善绩效评价机制，加强绩效管理和绩效监控，提高质量发展方面的财政支出效率。

一、基本结论

　　本书的研究重点是高质量发展，以此作为切入点来深入探讨我国的发展现状和存在的问题。为了更加全面地了解高质量发展的情况，对国内外的研究文献进行了广泛的梳理和总结，并根据这些文献的归纳，提出了一些新的思路和见解。在构建了高质量发展指标体系的基础上，评估了我国的高质量发展水平，以更全面、更准确地反映高质量发展的真实情况，并采用实证研究方法，对我国当前高质量发展的财政支出绩效进行了全面的分析和判断。同时，还以中部大省河南省的高质量发展状况为例，进行了具体的分析。对河南省的经济、社会、环境等各方面数据进行了深入研究，并结合指标体系，得出了关于河南省高质量发展现状和存在的问题的详细分析和建议。总体来说，本书的研究结论对于推动我国的高质量发展，提高财政支出效益，促进区域发展，都有着重要的指导意义。

第一，"十四五"规划中强调了在"十四五"时期经济社会发展要以推动高质量发展为主题，表明中国经济逐步迈入了高质量发展阶段，依靠增加物质资源消耗所实现的粗放型高速增长必须摒弃，在新的发展格局下经济增长方式必须转向依靠创新驱动、绿色发展、对外开放等方式，降低生产劳动要素投入，提高资源配置效率，增加经济社会效益，全面推动经济发展质量提升的新阶段。财政在国家治理体系中发挥关键作用，为各个时期的经济建设提供了有效的制度保障。高质量发展是多维度、多元化、全方位的概念综合，不仅包括经济效益的提高，还涵盖了政治、文化、生态和社会等诸多方面的改善和发展。由此可见，高质量发展目标的实现离不开政府和财政的支持。在高质量发展中，财政支出要起到导向性作用，推动高质量发展的顺利实施。在当前财政收入增速接连下滑和持续性减税降费的大背景下，要实现高质量发展的目标，财政必须按照绩效管理的要求，把"好钢用在刀刃上"，将有限的财政支出投入在高质量发展目标上。因此，新形势下实现高质量发展目标，完善财政支出绩效评价体系是现代财政管理的重要内容，是财政保障工具性的必然要求。因此有必要重构促进高质量发展财政支出的绩效评价体系，为更好地实现高质量发展提供决策参考。

第二，理论分析的结果表明，财政支出绩效评价和高质量发展之间存在着密切的理论关联。①财政支出绩效评价是高质量发展的重要支撑。高质量发展需要国家强大的财力支持。在当前财政支出压力持续加大的背景下，财政政策提质增效迫在眉睫。财政支出绩效评价一方面能够确定资源的优先分配方向，实现最优的资源配置，有助于提高财政支出的效率和效益；另一方面财政支出的绩效评价能够发现资源配置存在的问题，及时进行调整和改进，使各生产要素在资源配置中达到最佳的运行状态，保证公共服务和公共品的供给质量。②高质量发展是财政支出绩效评价的目标，高质量发展体现了公平性、效率性和可持续性，这正是财政管理的内在要求和目标。③财政支出绩效评价的强化和优化有利于高质量发展目标的实现。通过财政支出项目的绩效评价，可以清晰地了解到各项支出项目的效率和资金使用情况，提高财政资金使用的效率，为高质量发展提供更多的动力和支撑。④高质量发展也可以促进财政支出绩效评价的实施。高质量发展要求提高财政资金使用效率，避免不必要的支出，这就需要对财政资金的监督和管理，确保财政资金的合理使用和有效管理，从而提高财政支出项目的绩效和效益。综上所述，财政支出绩效评价与高质量发展是相互促进、互动关系密切的两个方面。财政支出绩效评价的实施可以促进高质量发展的实现，而高质量发展也可以促进财政支出绩效评价的深入开展和实施，从而共同推动经济、社会和环境的可持续发展。

第三，实证分析的结果表明，我国当前的高质量发展财政支出绩效存在较大进步空间。运用熵值法对我国省域的高质量发展财政支出效率进行的综合评价结果表明：①近10年来，我国的高质量发展及财政支出的绩效均呈现出改善的发展趋势，但是依然有部分地区的绩效提升趋势不显著。②从区域对比来看，东部地区的综合评价值最高，呈现逐年上升的态势，中部地区的综合评价值也呈较明显的上升态势，东北地区在综合评价值上虽然也呈现出上升的态势，但出现了明显的增长回落趋势。而西部地区从四个区域间的总体水平来看，依然处于较低的水平。③中部地区的潜力及支出绩效的改进状况最为显著和亮眼，而东北地区的表现则不尽如人意。④从省际层面的对比分析来看，我国省域间高质量发展的财政支出绩效情况差异较大，且部分省份出现了增长趋势不明显的发展态势，省际间的发展差异在不断增大。⑤进一步发现，高质量发展财政支出投入规模与高质量发展的财政支出效率之间并不存在正相关关系，即较高的高质量发展财政支出投入并不意味着取得明显的高质量发展推动作用。

第四，以河南省为主要分析对象的实证研究的分析表明，地方政府有必要进一步优化财政政策，最大限度发挥财政资金的使用效益，更好地促进地区的高质量发展。实证分析的结果表明：①河南省促进高质量发展的财政支出效率的地区差异较大，且财政支出效率并未出现明显的改善。分区域来看，地市间的财政支出综合效率差异较为明显。②河南省整体历年纯技术效率平均值呈现上升的趋势，表明在当前的财政支出管理制度和投入规模下，河南省的财政支出得到了较为充分的利用，反映出河南省的财政支出管理机制和制度在不断地优化。但地市之间仍存在较大差距。③从规模报酬方面来看，只有个别地市的规模效率在个别年份出现了递增情形，这说明河南省大部分地市财政支出促进高质量发展方面，其投入规模都超过了最优规模，且较多的投入并没有带来最优的规模。④从Malmquist TFP 指数的动态分析中发现，河南省地市级的动态全要素生产率总体上出现上升的趋势。⑤Tobit 回归结果显示，经济发展水平、产业结构状况是影响高质量发展财政支出绩效的主要促进因素。经济发展水平越高，高质量发展的财政支出绩效越高，但回归结果也显示，经济发展水平与高质量发展财政支出绩效之间又存在倒 U 形的关系；此外，财政支持度对高质量发展的财政支出效率则具有负向影响。这说明，高质量发展理念和财政支出绩效评价的各个阶段还有待于更加深入的融合和推进。

二、政策建议

（一）促进高质量发展理念与财政支出绩效的深度融合

1. 完善高质量发展财政支出绩效评价的顶层设计

党的十八届三中全会提出，现代财政制度为"国家长治久安的制度保障"。这一重要定位凸显了财政制度的目标引导作用。第一，财政支出绩效评价是保证国家财政管理有效的重要技术手段，服务于特定的管理目标和功能。实现高质量发展，要加快完善高质量发展的制度环境体系，建立多元化、系统化的高质量发展政策体系。在顶层设计中要规范财政支出绩效评价的高质量目标、方法等核心要素，为高质量发展的财政支出绩效评价工作建立有效的制度基础。此外，顶层设计还应为政策目标的实现及政策体系的优化提供制度环境条件，实现符合高质量发展的专业化的评价、明确的评价管理主体以及成熟的工作流程等。第二，建立多元化、系统化的高质量发展政策体系。高质量发展政策体系应充分反映出投入产出、宏观经济内外循环等高质量发展方面的特征，体现全面、系统、普遍、协调等多维度、多层面的要求，以确保实现高质量发展的目标。同时，政策目标的实现也需要高质量发展财政支出绩效评价的支持。第三，聚焦当前经济发展阶段高质量发展的短板和堵点。在具体政策的制定与完善中要实现有所侧重的针对性对策，加快解决高质量发展中的主要瓶颈。这不仅可以提高政策的实效性，也可以为高质量发展的财政支出绩效评价工作提供更为明确的方向和目标。第四，加强高质量发展财政支出绩效评价的监督与考核。建立健全财政支出绩效评价监督与考核机制，明确责任人，强化监督和考核力度，确保评价结果真实、客观、公正。同时，要充分运用财政支出绩效评价的成果，为政策的调整和优化提供科学依据，推动高质量发展的深入实施。

2. 构建体现高质量发展要求的财政支出绩效指标体系和考核评价体系

在实现高质量发展的过程中，建立符合高质量发展要求的指标体系是至关重要的。第一，高质量发展的评价是建立在相应的指标体系基础上的。指标体系是评价高质量发展的基础手段和工具，指标体系的建立可以使不同领域和学科间对于高质量发展内涵与外延达成有效统一，实现对高质量发展目标的一致性认识。第二，符合高质量发展目标的财政支出绩效指标体系的建立，也是促进当前经济发展阶段不符合高质量发展理念的认识、理解的必要基础。从全局角度构建高质量发展指标体系，也是摸清现状、判断形势，制定经济社会发展规划和实施宏观调控的重要依据。第三，指标体系的构建有利于从结构上对财政支出绩效的高质量发展功能进行科学划分，厘清财政支出及高质量发展的权责结构，从管理权、组织权和实施权等各个方面实现评价主体、管理主体和评价客体的统一和协调，完善评价工作流程和管理组织，提升评价效力和效率。第四，指标体系目标的构建能够强化各地区高质量发展的财政支出绩效要求，在此基础上，也能够明确各地区财政支出高质量发展绩效评价的考核和评价制度。

3. 协调统筹高质量目标体系和绩效目标政策评价体系

高质量发展评价体系是对国家经济和社会发展水平的评价和监测体系，由指标体系、政策体系和绩效评价体系等多个体系组成。这些体系需要协调配合，有序推进，才能构建出科学全面的高质量发展评价体系。在构建高质量发展财政支出绩效评价体系时，必须考虑各个系统与主要目标之间的协调性，统筹兼顾。统计体系是综合判断高质量发展评价状况的前提，只有规范化的、多元化的、符合高质量发展目标的统计体系才能作为判断反映我国高质量发展水平的依据。政策体系对高质量发展的规范性发展具有重大意义，同时也能实现对高质量发展的引导和保障作用。在实现高质量发展过程中，政策之间的协调、配合至关重要。财政货币政策是促进高质量发展的基础，产业、消费、社会、区域发展等政策的协同配合则是必要的高质量发展政策保障。同时政策上的长期与短期结合、数量与质量结合的高质量发展政策体系是提升绩效评价体系完善的重要保障。政策的长期稳定性和前瞻性，以及政策体系的科学性和完善性，对于高质量发展具有重要的支撑作用。综上所述，构建高质量发展评价体系需要考虑多个体系之间的协调性和配合性，统筹兼顾，这样才能构建出一个科学全面的高质量发展评价体系，更好地指导国家经济和社会的发展。

（二）建立推动高质量发展的财政支出绩效管理保障体系

1. 强化财政支出绩效评价的应用，助力高质量发展

绩效评价结果的应用是财政支出绩效评价的根本目的和生命力所在，也是提升财政支出绩效的主要途径和突破口。在绩效评价结果已出的前提下，重视绩效评价结果的应用，做到真正的"评有所用"，推动绩效评价目标的实现。具体来说：第一，要强调评价结果应用的重要性，在剔除不可控因素的基础上，锚定评价结果的责任主体，建立评价结果与政策调整挂钩的管理机制，务求不断调整财政资源的配置，提升财政支出效率。第二，在项目管理上应优先保障支出绩效较高的项目和政策，对重复的项目和沉淀的项目做到及时清理和调整，实现绩效评价结果应用与绩效管理一体化的有效结合，使得评价结果与预算安排的挂钩，为常态化预算管理提供量化依据。第三，绩效评价结果的有效应用是推动预算绩效和财政支出效率发展的动力。绩效评价结果应用是在绩效评价结果的基础上，适时有效地分析影响支出绩效的因素，总结影响绩效的因素，并从制度层面提出优化绩效的可行性方案。评价结果应用是实现财政支出项目差异化的动力，是实现财政支出项目激励和约束的重要机制体系，通过评价结果的有效应用，可以使系统内产生良性的有效竞争推动的发展态势。

2. 多元化财政支出绩效评价主体，提升支出和管理绩效

有什么样的评价就有什么样的政府行为，评价主体决定了评价的目标，也决定了绩效结果的公信力和可靠性，同时也影响到评价结果的应用和管理质量的有效性。由于绩效工作的复杂性和协作性，绩效评价的主体

不可能单独依靠某一部门完成。当前我国的财政支出评价主体分为内外两个方面，内外部评价主体共同构成了有效的财政支出评价体系。具体地，在内部评价中，主要的评价主体包括人大、财政部门以及主管部门，而外部评价机构包括了第三方机构或者媒体等。从理论上说，财政支出的绩效评价本质上属于内部控制的一种手段，其目的在于提升政府支出的效率和管理。因此，相应的实际工作的绩效评价以内部的评价为主，从评价动机上说，财政部门这一主体在进行评价时，由于其部门的职能所决定，其评价重点集中在支出项目的规划和支出的事后评价，关注的重点也就放在了经济、社会、生态等方面的效益分析。而主管部门的评价侧重点则集中在项目支出的事中控制及事后评价，主要体现在资金落实、业务管理及财务管理等过程类指标的考核，以及时识别管理过程中的问题，寻求改善方法，及时发现与纠正偏差。政府绩效的评价属于国家治理的民主范畴，人大作为立法机关，拥有监督政府的法定权力，天然地拥有对政府所拥有的各种资源的监督功能。同时，人大于政府部门属于外部的评价主体，但于社会又属于内部的评价主体，可有效地避免政府内部的权责混乱及角色冲突。因此应推行以人大为主导的评价主体，推动评价实践。

3. 建立健全全过程的高质量发展财政支出管理链条

将高质量发展的理念深入融合进财政支出预算、财政支出执行和财政支出监督的全过程。建立健全全过程的高质量发展财政支出管理链条需要考虑指标体系、预算安排和绩效管理三个方面。首先，要构建符合高质量发展目标的绩效评价指标体系，以统计体系为依据，制定科学、规范、多元的评价指标，并在评价的各个环节融入高质量发展的理念。其次，要将符合高质量发展的支出任务和支出项目优先纳入预算安排，并在管理制度上突出高质量发展目标。再次，还需要将目标逐层分解，并通过绩效管理促进目标实现。最后，需要建立完善的财政支出监督机制，保障高质量发展财政支出的实施效果。总之，建立健全全过程的高质量发展财政支出管理链条，需要全面考虑各个系统之间的协调性和主要目标的一致性，将符合高质量发展的支出任务和支出项目优先纳入预算安排，并在管理制度上突出高质量发展目标。同时按照高质量发展的理念将目标逐层分解，以绩效管理促进目标实现。

（三）加强高质量发展绩效评价的理论和实践探索

1. 重视和推动基础理论的研究和方法的创新

近年来，各级财政和预算部门都认识到加强绩效问题对于实现高质量发展是至关重要的。然而，要实现高质量发展，需要重视和推动基础理论的研究和方法的创新。理论是实践的基石，只有通过对理论的深入研究，才能够更好地指导实践，并不断创新方法，提高财政支出绩效的评价水平。但当前有关高质量发展财政支出绩效的研究仍存在一定的不足。首先，在理论研究方面，需要加强理论研究的前瞻性和针对性。随着高质量发展的不断创新，财政支出与财政支出结构等与高质量绩效发展相关的问题也在不断涌现，因此理论的拓展和创新是必要的。其次，在研究方法方面，需要从全局高质量发展的关注和评价出发，进行全局和整体性的研究。但当前大多数绩效评价的研究仅集中在具体的支出项目和支出领域，缺乏对高质量发展整体性的考量，导致高质量发展的统一标准无法统一。同时，现行的绩效评价仍以合规性和规范性为主，而理论研究的不足和滞后，则导致理论层面无法对财政支出绩效评价提供前瞻性的指引。因此，加强基础理论的研究和方法的创新，不仅能够更好地指导实践，提高财政支出绩效的评价水平，还能够为实现高质量发展提供坚实的理论支撑。

2. 多方入手引导和促进高质量发展

财政支出绩效评价是由全面性的多环节共同构成的系统性活动，并且这一活动是在实践中不断地发展和推进的。当前，高质量发展的财政支出绩效评价仍处于探索阶段，未能形成成熟有效的评价体系、方法和实践模式。因此有必要从以下几点加强理论和实践活动的推进：第一，从宏观上加强绩效评价和决策层面的实践探索，构建符合高质量发展的评价结构体系，持续鼓励研究实践的探索和发展，协调处理好政策绩效评价与其他相关评价之间的关系，为实践中可能遇到的困难做好预案。建立完善、高效的协调机制保障，从多方面入手引导和促进高质量发展。第二，选择重点地区进行整体综合实验，类似政府整体绩效的"广东实验"、"南海模式"等的具体做法，在限定的区域内使用绩效评价政策手段，甄别不同政策的效果，为后续实践开展积累有益的经验。第三，为增强支出绩效评价的科学性与回应性，可通过法制化手段和程序对高质量发展绩效评价的推进作出相对统一规定，提升绩效评价的规范性和合理性。第四，基于高质量发展绩效评价的阶段性发展特征，现阶段的宏观绩效评价需要选择高质量属性更强的政策类别，为后续实践开展积累有益的经验。同时，按照创新驱动、绿色发展、开放共享等不同的支出方向，丰富指标设计。最后，完善事前评估机制，加强事中控制，实现事后反馈和应用。

（四）完善相关配套制度，持续推动经济发展质量变革

1. 深化基础性关键性的财政制度改革，为高质量发展提供财政保障

财政制度是完善我国现代化经济体系的重要保障，也是实现经济社会发展目标的重要工具。财政政策是推动高质量发展的支撑和重要保障，从宏观层面上看，财政保障是实现高质量发展的制度基础，从制度层面上看，高质量发展的各个环节都需要财政支撑。同其他制度保障相比，财政具有全局性和综合性的特征，是引导和制约相关制度的重要工具。因此，科学合理的财政制度对推动高质量发展具有重要作用。具体地，财政保障制度可从以下几个方面助推高质量发展：第一，完善促进创新驱动的财政政策模式。高质量发展的核心要义在于质量变革，而质量变革需要有效的、持久的内生驱动力才得以成功实现。创新驱动是实现全面质量提升和变革的重要推动力，有助于提高传统产业要素的生产效率，解决中国的供需结构性矛盾，实现新动能的培育。党的十九大报告明确指出"创新是引领发展的第一动力"。财政应以促进创新驱动为目标，为企业和社会提供有利的创新环境，从财政支出和税收政策引导创新。第二，发展绿色协调的财政政策。绿色协调发展是人民日益增长的美好生活需要的重要内容，是高质量发展理念的绿色生态环境需求的集中体现。在绿色发展理念

下，财政政策应引导好传统产业与新兴产业的关系，将绿色发展理念融入财政发展的各个阶段，实现财政政策绿色转型，打造绿色财政政策体系，实现生态协调发展。从税收政策上看，利用税收杠杆，对绿色环保的企业实施税收优惠，鼓励企业的绿色生产等行为。第三，构建开放共享的财政政策制度体系。当前，对外开放以及成为经济社会发展的重要推动力，习近平总书记提出"一带一路"和"人类命运共同体"等重要思想，已经得到众多国家的广泛认同。从全球视角推动高质量发展，实现全球的经济融合的发展联动、交流融合，必不可少。财政应服务于开放发展的理念，构建开放性更大，包容性更强的政策体系，在财政政策上，树立大国财政理念，在税收政策上，加强税收协调，减少交流融合的障碍。

2. 完善现代经济体系，实现高质量发展

实现经济高质量发展的经济基础是完善的现代经济体系，现代经济体系是以创新发展、公平竞争的市场为依托的体系。第一，建立现代化的产业体系。改造高投入、高污染、低效率的传统制造业，加快发展低投入、低污染、高效率的先进制造业；推动以互联网、大数据、人工智能为主要方向的数字经济和实体经济深度融合，培育新的产业增长点，形成发展新动能。第二，构建区域之间、城乡之间均衡协调发展的制度体系。城乡之间的均衡协调发展是高质量发展的重要内容，当前城乡之间的发展的巨大差异已经成为制约高质量发展的主要障碍。从城乡之间的教育、就业以及人口流动方面的相关政策入手，构建城乡均衡发展政策体系十分必要。区域之间的南北差异以及区域内部的差异导致中国的区域协调均衡问题十分复杂。为此，有必要推动区域主体之间的优势互补、联动发展，建立统一大市场，形成经济技术的合作局面，拓展发达地区和发展落后地区的共同发展，形成区域质量发展的合力，实现高质量发展。第三，着力优化投资环境和营商环境。清理妨碍统一市场和公平竞争的各种"土政策"，大力支持民营企业，激发各类市场主体活力。放宽各种市场准入限制，完善市场监管，切实降低企业的各种隐性成本。第四，协调经济发展与共同富裕的关系。经济发展的目的是实现人民生活水平的提升，高质量发展的目的则在于实现人民对发展成果的共享。完善收入分配制度，实现按劳分配和其他分配方式相结合的分配制度，规范分配秩序，大力打击各种违法所得，实现收入分配的均衡，促进社会公平，实现协调共享的发展局面。

三、研究展望

本书从高质量发展视域构建财政支出绩效评价的分析框架，并对影响高质量发展财政支出绩效的因素进行了实证分析，继而提出了系统化的对策建议，具有一定的创新之处。然而，研究方法的局限性和高质量发展的全面性是本书仍需探讨的方向。

首先，需要继续完善高质量发展的财政支出绩效评价指标体系。虽然本书已经提供了分析框架和实证分析，但仍需进一步的深入研究。如在接下来的研究中有必要采用定性综合判断和定量分析相结合的方法，综合采用平衡计分卡、专家调查法等方法开展进一步的科学全面评价，以确保评价指标能够更全面地反映高质量发展的全部面貌及其动态变化趋势。

其次，需要意识到高质量发展是不断发展进行中的重要战略目标，并涉及全局化的发展理念。因此，在未来的研究中需要借鉴相关研究，针对特定区域的具体开展情况，进行案例分析和讨论，帮助我们更好地了解在实践中高质量发展的具体绩效表现，从而为绩效评价提供更具体、详细的政府财政管理工具，推进高质量发展的全面实现。

综上所述，本书的未来方向应包括继续完善评价指标体系和案例研究，以提高评价的全面性和针对性。同时，需要在方法上更加全面，不仅限于定量评价法，还需要采用定性分析的综合判断法等方法，以便更好地揭示高质量发展的绩效表现和变化趋势。

参考文献

［1］金碚．关于"高质量发展"的经济学研究［J/OL］．中国工业经济，2018（4）：5-18. DOI：10. 19581/j. cnki. ciejournal. 2018. 04. 001.

［2］任保平，刘笑．新时代我国高质量发展中的三维质量变革及其协调［J］．江苏行政学院学报，2018（6）：37-43.

［3］王雄飞，李香菊．推动高质量发展动力变革的财税体制改革建议［J］．经济研究参考，2018（36）：20－23. DOI：10. 16110/j. cnki. issn2095－3151. 2018. 36. 009.

［4］高培勇．转入高质量发展阶段的积极财政政策［J］．财经界，2018（31）：32-34.

［5］申亮，陈媛媛．山东省新旧动能转换财政支出绩效评价指标体系研究［J/OL］．财政科学，2021（4）：59-68. DOI：10. 19477/j. cnki. 10-1368/f. 2021. 04. 007.

［6］任保平，李禹墨．经济高质量发展中生产力质量的决定因素及其提高路径［J/OL］．经济纵横，2018（7）：27-34. DOI：10. 16528/j. cnki. 22-1054/f. 201807027.

［7］Barro R J. Economic Growth in a Cross Section of Countries［J］. The Quarterly Journal of Economics，1991（2）：2.

［8］Thomas V，etc. The Quality of Growth［M］. Oxford：Oxford University Press，2000.

［9］钞小静，惠康．中国经济增长质量的测度［J］．数量经济技术经济

研究，2009，26（6）：75-86.

［10］叶初升，李慧．以发展看经济增长质量：概念、测度方法与实证分析——一种发展经济学的微观视角［J］．经济理论与经济管理，2014（12）：17-34.

［11］宋文月，任保平．建立经济增长数量与质量的良性互动机制的政策建议［J/OL］．经济研究参考，2018（42）：39-40. DOI：10.16110/j. cnki. issn2095-3151.2018.42.016.

［12］刘志彪．理解高质量发展：基本特征、支撑要素与当前重点问题［J/OL］．学术月刊，2018，50（7）：39-45+59. DOI：10.19862/j. cn ki. xsyk. 2018.07.004.

［13］汪同三．深入理解我国经济转向高质量发展［J］．共产党人，2018（13）：12-14.

［14］赵剑波，史丹，邓洲．高质量发展的内涵研究［J/OL］．经济与管理研究，2019，40（11）：15-31. DOI：10.13502/j. cnki. issn1000-7636.2019.11.002.

［15］詹新宇，刘文彬．中国财政性教育支出的经济增长质量效应研究——基于"五大发展理念"的视角［J］．教育与经济，2019（1）：46-57.

［16］欧进锋，许抄军，刘雨骐．基于"五大发展理念"的经济高质量发展水平测度——广东省21个地级市的实证分析［J/OL］．经济地理，2020，40（6）：77-86. DOI：10.15957/j. cnki. jjdl. 2020.06.009.

［17］刘亚雪，田成诗，程立燕．世界经济高质量发展水平的测度及比较［J］．经济学家，2020（5）：69-78.

［18］詹新宇，崔培培．中国省际经济增长质量的测度与评价——基于"五大发展理念"的实证分析［J/OL］．财政研究，2016（8）：40-53+39. DOI：10.19477/j. cnki. 11-1077/f. 2016.08.004.

［19］张云飞．"生命共同体"：社会主义生态文明的本体论奠基［J/OL］．马克思主义与现实，2019（2）：30-38. DOI：10.15894/j. cnki. cn 11-3040/a. 2019.02.005.

［20］佟丹丹．"十三五"我国高质量经济增长的多重约束及改革方向
［J/OL］．改革与战略，2017，33（5）：40-42．DOI：10.16331/j.cnki.issn
1002-736x.2017.05.012.

［21］桑百川，王伟．对外开放四十年：基本经验与前景展望［J/OL］．
国际贸易，2018（12）：10-15．DOI：10.14114/j.cnki.itrade.2018.12.002.

［22］李迎生．时代变迁、制度创新与民生保障高质量发展［J/OL］．中
共中央党校（国家行政学院学报），2021，25（4）：107-113．DOI：10.
14119/j.cnki.zgxb.2021.04.012.

［23］周绍东，陈艺丹．从"经济新常态"到"新发展格局"——习近
平新时代中国特色社会主义经济思想的认识论解读［J］．江苏行政学院学
报，2021（6）：45-52.

［24］刘伟．以高质量供给扩大消费市场［J］．中国质量监管，2021
（3）：9.

［25］赵华林．高质量发展的关键：创新驱动、绿色发展和民生福祉
［J/OL］．中国环境管理，2018，10（4）：5-9．DOI：10.16868/j.cnki.1674-
6252.2018.04.005.

［26］段炳德．中国城镇化进程与产业间就业结构变迁：基本事实与总
体判断［J/OL］．理论学刊，2018（2）：61-68．DOI：10.14110/j.cnki.cn-
37-1059/d.2018.02.010.

［27］史丹，李鹏．我国经济高质量发展测度与国际比较［J］．东南学
术，2019（5）：169-180.

［28］韩雷，钟静芙．高质量发展的内涵解读、理论框架及实现路径
［J/OL］．湘潭大学学报（哲学社会科学版），2021，45（6）：39-45．DOI：
10.13715/j.cnki.jxupss.2021.06.007.

［29］张俊山．对经济高质量发展的马克思主义政治经济学解析
［J/OL］．经济纵横，2019（1）：36-44．DOI：10.16528/j.cnki.22-1054/f.
201901036.

［30］宋国恺．新时代高质量发展的社会学研究［J］．中国特色社会主

义研究，2018（5）：60-68.

　　［31］张占斌．完善制度体系，为经济高质量发展保驾护航［J］．人民论坛，2018（9）：34-35.

　　［32］洪银兴．改革开放以来发展理念和相应的经济发展理论的演进——兼论高质量发展的理论渊源［J］．经济学动态，2019（8）：10-20.

　　［33］段秀芳，沈敬轩．粤港澳大湾区城市高质量发展评价及空间结构特征分析［J］．统计与信息论坛，2021，36（5）：35-44.

　　［34］孙久文．从高速度的经济增长到高质量、平衡的区域发展［J/OL］．区域经济评论，2018（1）：1-4. DOI：10. 14017/j. cnki. 2095-5766. 2018. 0001.

　　［35］钟贞山．中国特色社会主义政治经济学的生态文明观：产生、演进与时代内涵［J/OL］．江西财经大学学报，2017（1）：12-19. DOI：10. 13676/j. cnki. cn36-1224/f. 2017. 01. 002.

　　［36］金乐琴．高质量绿色发展的新理念与实现路径——兼论改革开放40年绿色发展历程［J/OL］．河北经贸大学学报，2018，39（6）：22-30. DOI：10. 14178/j. cnki. issn1007-2101. 2018. 06. 004.

　　［37］韦伟．从区域竞争迈向高质量发展的区域合作［J/OL］．区域经济评论，2018（5）：53-57. DOI：10. 14017/j. cnki. 2095-5766. 2018. 0101.

　　［38］史琳琰，胡怀国．高质量发展与居民共享发展成果研究［J］．经济与管理，2021，35（5）：1-9.

　　［39］李实．从全面小康走向共同富裕的着力点［J/OL］．中国党政干部论坛，2020（2）：16-19. DOI：10. 14117/j. cnki. cn11-3331/d. 2020. 02. 004.

　　［40］蔡昉．从"共享生产率"看共同富裕［J］．理论导报，2022（1）：47.

　　［41］和军，谢思．基于高质量发展的政府监管变革［J］．中国特色社会主义研究，2019（2）：59-66.

　　［42］李子联，王爱民．江苏高质量发展：测度评价与推进路径［J］．江苏社会科学，2019（1）：247-256+260.

［43］马立政，李正图．中国经济高质量发展路径演进研究［J］．学习与探索，2020（6）：100-107．

［44］荆文君，孙宝文．数字经济促进经济高质量发展：一个理论分析框架［J］．经济学家，2019（2）：66-73．

［45］付文飙，鲍曙光．经济高质量发展与财政金融支持政策研究新进展［J］．学习与探索，2018（7）：118-125．

［46］高培勇，杜创，刘霞辉，袁富华，汤铎铎．高质量发展背景下的现代化经济体系建设：一个逻辑框架［J］．经济研究，2019，54（4）：4-17．

［47］Mullen P R. Performance-Based Budgeting：The Contribution of the Performance Management and Appraisal：A How-To-Do-It Manual for Librarians.［J］. Journal of Academic Librarianship，2005（1）.

［48］陈陶然，谭之博．金融体系特征、风险特性与企业创新［J］．经济理论与经济管理，2019（7）：49-60．

［49］韩景旺，李瑞晶．绿色金融与经济高质量发展耦合协调的时空分异及关联网络［J/OL］．金融理论探索，2023（1）：50-60. DOI：10.16620/j.cnki.jrjy.2023.01.007.

［50］吴慧，上官绪明．黄河流域经济高质量发展的数字金融助推效应研究［J］．技术经济与管理研究，2023（2）：124-128．

［51］王伟光，冯荣凯，尹博．产业创新网络中核心企业控制力能够促进知识溢出吗？［J/OL］．管理世界，2015（6）：99-109. DOI：10.197 44/j.cnki.11-1235/f.2015.06.009.

［52］金碚．以创新思维推进区域经济高质量发展［J/OL］．区域经济评论，2018（4）：39-42. DOI：10.14017/j.cnki.2095-5766.2018.0083.

［53］王靖华，李鑫．以创新推动我国经济高质量发展的路径［J］．经济研究导刊，2018（28）：4-5．

［54］孙早，许薛璐．产业创新与消费升级：基于供给侧结构性改革视角的经验研究［J/OL］．中国工业经济，2018（7）：98-116. DOI：10.19581/j.cnki.ciejournal.2018.07.005.

［55］吴翌琳，于鸿君．企业创新推动高质量发展的路径研究——基于中国制造业企业的微观实证［J］．北京大学学报（哲学社会科学版），2020，57（2）：105-118．

［56］刘志彪．理解高质量发展：基本特征、支撑要素与当前重点问题［J/OL］．学术月刊，2018，50（7）：39-45+59．DOI：10.19862/j.cnki.xsyk.2018.07.004．

［57］王喜成．试论推动高质量发展的路径和着力点［J］．河南社会科学，2018，26（9）：1-6．

［58］石碧华．黄河流域高质量发展的时代内涵和实现路径［J/OL］．理论视野，2020（9）：61-66．DOI：10.19632/j.cnki.11-3953/a.2020.09.010．

［59］杨军．中国式现代化视角下推动实体经济高质量发展的创新路径［J］．中州学刊，2023（3）：36-42．

［60］楼继伟．面向2035的财政改革与发展［J/OL］．财政研究，2021（1）：3-9．DOI：10.19477/j.cnki.11-1077/f.2021.01.001．

［61］吕炜，王伟同．党的十八大以来财政领域改革成就、内在逻辑与未来展望［J/OL］．财政研究，2022（9）：16-34．DOI：10.19477/j.cnki.11-1077/f.2022.09.001．

［62］白景明．多管齐下力促经济高质量平稳增长［J/OL］．国家治理，2020（Z3）：41-47．DOI：10.16619/j.cnki.cn10-1264/d.2020.z3.007．

［63］安同良，千慧雄．中国企业R&D补贴策略：补贴阈限、最优规模与模式选择［J］．经济研究，2021，56（1）：122-137．

［64］Hatry H P. Performance Measurement Principles and Techniques：An Overview for Local Government.［J/OL］. Public Productivity Review，1980，4（4）：312-339. JSTOR，https：//doi.org/10.2307/3379974．

［65］贾康．支持构建和谐社会的财政政策［J/OL］．财贸经济，2006（11）：5-6．DOI：10.19795/j.cnki.cn11-1166/f.2006.11.002．

［66］唐虎梅．国家行政经费与国家财政支出关系研究（下）［J/OL］．财政研究，2002（12）：30-38．DOI：10.19477/j.cnki.11-1077/f.2002.12.

008.

[67] 丛树海，周炜，于宁．公共支出绩效评价指标体系的构建 [J/OL].财贸经济，2005（3）：37－41＋97. DOI：10.19795/j.cnki.cn11－1166/f.2005.03.008.

[68] 贾康．我国推行财政支出绩效考评研究 [J/OL].经济研究参考，2006（29）：2-36. DOI：10.16110/j.cnki.issn2095－3151.2006.29.002.

[69] 吕春建．建立我国公共财政支出绩效评价体系基本思路与途径的思考 [J].财政与发展，2008（3）：12-19.

[70] 余振乾，余小方．地方财政科技支出绩效评价指标体系构建及其实施 [J].中国软科学，2005（4）：63-69.

[71] 金荣学．财政经济性支出的绩效评价分析 [J].商业时代，2008（25）：65-66.

[72] 徐建中，夏杰，吕希琛，邹浩．基于"4E"原则的我国政府预算绩效评价框架构建 [J].社会科学辑刊，2013（3）：132-137.

[73] 李普亮，李琴．地方财政农业投入的效率性评价 [J].经济与管理，2011，25（1）：70-76.

[74] 李金珊，王倩倩．财政支出绩效评价体系刍议：3E维度的引入与改进 [J/OL].财政研究，2018（3）：14－23. DOI：10.19477/j.cnki.11－1077/f.2018.03.002.

[75] 赵敏，王蕾，彭润中．基于DMF框架的亚洲开发银行全过程项目绩效管理体系研究及启示 [J/OL].财政研究，2014（6）：33－36. DOI：10.19477/j.cnki.11-1077/f.2014.06.008.

[76] 毛晖，余爽，张胜楠．财政支农支出绩效的区域差异：测算与分解 [J/OL].经济经纬，2018，35（3）：144－152. DOI：10.15931/j.cnki.1006-1096.2018.03.009.

[77] 刘小梅．平衡计分卡在政府部门预算绩效管理中的应用 [J/OL].中国财政，2017（18）：54-56. DOI：10.14115/j.cnki.zgcz.2017.18.024.

[78] 魏婷婷．新医改背景下云南省医疗卫生财政支出绩效评价研究

［D］．云南财经大学，2017.

［79］陆庆平．公共财政支出的绩效管理［J/OL］．财政研究，2003（4）：18-20. DOI：10. 19477/j. cnki. 11-1077/f. 2003. 04. 005.

［80］詹国彬．公共部门新绩效预算制度的发展与启示［J］．管理现代化，2005（6）：44-46.

［81］赵敏，王蕾．财政支出绩效评价的质量标准及控制体系研究——国际绩效评价的经验与启示［J/OL］．财政研究，2016（10）：76-84. DOI：10. 19477/j. cnki. 11-1077/f. 2016. 10. 008.

［82］张雷宝．中国财政支出绩效管理：从理念到实践［J/OL］．财政研究，2007（5）：66-70. DOI：10. 19477/j. cnki. 11-1077/f. 2007. 05. 017.

［83］刘家凯，胡德期，周晓丽．广西财政支出绩效管理研究［J/OL］．经济研究参考，2011（23）：26-33. DOI：10. 16110/j. cnki. issn2095-3151. 2011. 23. 012.

［84］刘小梅．甘肃省推进财政支出绩效管理改革研究（一）——财政管理理念、管理制度和管理技术的更新与突破［J］．财会研究，2011（24）：6-10.

［85］高宝森．内蒙古自治区财政科技项目支出绩效评价研究［J/OL］．科学管理研究，2012，30（5）：101-104. DOI：10. 19445/j. cnki. 15-1103/g3. 2012. 05. 026.

［86］齐守印，朱云飞，赵志伟．河北省财政教育政策的绩效评估研究［J/OL］．经济研究参考，2014（16）：26-31. DOI：10. 16110/j. cnki. issn 2095-3151. 2014. 16. 003.

［87］吴铮．对青海省公共财政支出的绩效评价研究——基于 DEA-Malmquist 指数的效率分析［J/OL］．财会月刊，2015（21）：34-38. DOI：10. 19641/j. cnki. 42-1290/f. 2015. 21. 008.

［88］颜海娜．评价主体对财政支出绩效评价的影响——以广东省省级财政专项资金为例［J］．中国行政管理，2017（2）：118-124.

［89］李燕凌，李立清．新型农村合作医疗卫生资源利用绩效研究——

基于倾向得分匹配法（PSM）的实证分析［J］.农业经济问题，2009，30（10）：51-58+111.

［90］黄溶冰，赵谦.我国环境保护财政资金的绩效评价（2006～2011年）——基于审计结果公告的内容分析［J/OL］.财政研究，2012（5）：31-35.DOI：10.19477/j.cnki.11-1077/f.2012.05.007.

［91］张铭洪，施宇，李星.公共财政扶贫支出绩效评价研究——基于国家扶贫重点县数据［J］.华东经济管理，2014，28（9）：39-42.

［92］潘炜，傅才武.准公共文化领域的财政支出绩效评价研究——以国有文艺院团为例［J］.江汉论坛，2018（11）：146-152.

［93］高涓，乔桂明.创新创业财政引导政策绩效评价——基于地方众创空间的实证检验［J/OL］.财经问题研究，2019（3）：75-82.DOI：10.19654/j.cnki.cjwtyj.2019.03.009.

［94］谢国财.财政支出绩效管理：内涵、问题及对策［J］.中共福建省委党校学报，2012（12）：52-59.

［95］侯孝国，李云庆.试论财政支出绩效评价结果的应用［J/OL］.中国财政，2003（10）：13-15.DOI：10.14115/j.cnki.zgcz.2003.10.013.

［96］刘昆.完善推动高质量发展的财政制度体系［J］.中国财政，2018（24）：4-6.

［97］姜磊，陈元，黄剑，童昀.财政支出效率对绿色全要素生产率影响的实证分析——基于中国284个城市的面板数据［J/OL］.经济地理，2022，42（11）：28-36.DOI：10.15957/j.cnki.jjdl.2022.11.004.

［98］郭健，张明媛.高质量发展背景下财政政策提质增效问题研究——以山东为例［J］.公共财政研究，2021（2）：72-86.

［99］肖友华，王磊.全面实施预算绩效管理背景下促进基层财政高质量发展的思考［J］.公共财政研究，2018（6）：20-29.

［100］王之佳.我们共同的未来［M］.长春：吉林人民出版社，1997.

［101］约瑟夫·熊彼特.经济发展理论［M］.北京：商务印书馆，1997.

［102］余泳泽，刘大勇.中国传统产业和新兴产业差异性技术进步路径

选择研究［J/OL］．财贸研究，2013，24（1）：22-31. DOI：10. 19337/j. cnki. 34-1093/f. 2013. 01. 004.

［103］沈敏．现代化经济体系的双擎驱动：技术创新和制度创新［J］．财经科学，2018（8）：56-67.

［104］杨伟民．贯彻中央经济工作会议精神　推动高质量发展［J/OL］．宏观经济管理，2018（2）：13-17. DOI：10. 19709/j. cnki. 11-3199/f. 2018. 02. 004.

［105］任保平，何苗．十九大以来关于我国经济高质量发展若干研究观点的述评［J/OL］．渭南师范学院学报，2019，34（9）：25-33. DOI：10. 15924/j. cnki. 1009-5128. 20190728. 001.

［106］王一鸣．大力推动我国经济高质量发展［J］．人民论坛，2018（9）：32-34.

［107］郭春丽，王蕴，易信，张铭慎．正确认识和有效推动高质量发展［J/OL］．宏观经济管理，2018（4）：18-25. DOI：10. 19709/j. cnki. 11-3199/f. 2018. 04. 006.

［108］洪银兴．改革开放以来发展理念和相应的经济发展理论的演进——兼论高质量发展的理论渊源［J］．经济学动态，2019（8）：10-20.

［109］孟祥兰，邢茂源．供给侧改革背景下湖北高质量发展综合评价研究——基于加权因子分析法的实证研究［J/OL］．数理统计与管理，2019,38（4）：675-687. DOI：10. 13860/j. cnki. sltj. 20190226-003.

［110］张军扩．加快形成推动高质量发展的制度环境［J］．中国发展观察，2018（1）：5-8.

［111］辜胜阻，吴华君，吴沁沁，余贤文．创新驱动与核心技术突破是高质量发展的基石［J］．中国软科学，2018（10）：9-18.

［112］高国力，李智．成渝地区双城经济圈建设背景下提升成都中心城市辐射力研究［J］．发展研究，2021，38（6）：67-76.

［113］任保平．我国高质量发展的目标要求和重点［J］．红旗文稿，2018（24）：21-23.

［114］杨耀武，张平．中国经济高质量发展的逻辑、测度与治理［J］．经济研究，2021，56（1）：26-42.

［115］张占斌．以高质量发展推进中国式现代化［J/OL］．理论视野，2022（11）：50-57. DOI：10. 19632/j. cnki. 11-3953/a. 2022. 11. 007.

［116］张雷宝．公共支出绩效管理创新：浙江的实践与启示［J］．财政研究，2009（6）：58-60.

［117］Am A，Ca B. The New Public Management within the Complexity Model［J］. Procedia-Social and Behavioral Sciences，2014（109）：1125-1129.

［118］卓越．政府绩效管理概论［M］．北京：清华大学出版社，2007：1.

［119］Behn R D. Why Measure Performance? Different Purposes Require Different Measures［J］. Public Administration Review，2003，63（5）：586-606.

［120］吕炜．公共财政在和谐社会构建中的制度创新与绩效评价［J］．财经问题研究，2007（12）：3-10.

［121］Fei J，Yu L. Public Satisfaction Evaluation of E-government with Fuzzy AHP［C］. International Conference on Fuzzy Systems & Knowledge Discovery. IEEE，2009.

［122］陈俊生，彭宇飞，张燕．高等学校教育支出绩效评价的实证研究——以江苏省地方综合性大学为例［J］．教育与经济，2010（4）：44-48.

［123］张永成．基于环境效应调整的农业生产力绩效评价研究［J］．管理世界，2009（2）：170-171.

［124］李燕凌，李立清．新型农村合作医疗卫生资源利用绩效研究——基于倾向得分匹配法（PSM）的实证分析［J］．农业经济问题，2009，30（10）：51-58+111.

［125］Hagemann R. How Can Fiscal Councils Strengthen Fiscal Performance?［J］. OECD Journal：Economic Studies，2011，2011（1）：3-3.

［126］Balk W L，Bouckaert G，Bronner E M. Some Notes on the Theory and Practice of Improving Government Productivity［J］. Public Productivity & Management Review，1989（1）：117-133.

［127］马国贤.“一观三论”与财政支出绩效评价［J］. 行政事业资产与财务，2009（3）：8-14.

［128］财政支出绩效评价管理暂行办法［J］. 预算管理与会计，2009（8）：10-12.

［129］马国贤. 预算绩效评价与绩效管理研究［J］. 财政监督，2011（1）：18-22.

［130］Ning W，Tang L，Pan H. Effectiveness of Policy Incentives on Electric Vehicle Acceptance in China：A Discrete Choice Analysis［J］. Transportation Research Part A：Policy and Practice，2017（105）：210-218.

［131］陈工. 我国政府预算改革的目标与实现路径［J］. 地方财政研究，2013（2）：21-26.

［132］张定安，何强. 中国特色政府绩效管理的演进逻辑和发展方向——基于税务绩效管理的实践创新［J］. 中国行政管理，2022（3）：146-151.

［133］丛树海. 论公共支出绩效评价［J］. 财政监督，2007（17）：33-36.

［134］刘昆. 认真学习贯彻预算法实施条例　加快建立现代财政制度［J］. 国有资产管理，2020（9）：4-7.

［135］马斯格雷夫等. 财政理论与实践［M］. 邓子基，邓力平译. 北京：高等教育出版社，2003.

［136］岳松. 财政与税收［M］. 北京：清华大学出版社，2008.

［137］Dong S X，Shao Z Z. AHP of Gray System and its Application in Performance Evaluation of Financial Expenditure［C］// International Workshop on Database Technology & Applications. IEEE，2010.

［138］戴维·奥斯本，特德·盖布勒. 改革政府：企业家精神如何改革着公共部门［M］. 上海：上海译文出版社，2006.

［139］曹堂哲．"行政关系"与公共管理学科体系新构想［J］．广东行政学院学报，2010，22（2）：36-41．

［140］Hood C. A Public Management for all Seasons？［J］．Public Administration，1991（1）．

［141］张成福，党秀云．公共管理学［M］．北京：中国人民大学出版社，2007：16-18．

［142］Halachmi A，Boorsma P B. Performance and Quality Measurement in Government：Issues and Experiences［M］．Springer Berlin Heidelberg，1999．

［143］马海涛．财政理论与实践［M］．北京：高等教育出版社，2018：278-279．

［144］Kaplan R S，Norton D P. Putting the Balanced Scorecard to Work［J］．Harv. bus. rev，1998，71（5）：134-140．

［145］杨放．基于平衡计分卡的低碳政府评价体系构建［J］．科学决策，2016（3）：69-81．

［146］Vassia G J，et al. The Program Assessment Rating Tool and the Government Performance and Results Act［J］．American Review of Public Administration，2008．

［147］张强，张定安．美国联邦政府项目绩效评估及其效用分析［J］．中国行政管理，2006（9）：35-38．

［148］汪柱旺，谭安华．基于 DEA 的财政支出效率评价研究［J］．当代财经，2007（10）：34-37．

［149］刘穷志，卢盛峰．财政支农支出绩效评估与数量优化研究［J］．中南财经政法大学学报，2009（2）：51-56．

［150］余学林．数据包络分析（DEA）的理论、方法与应用［J］．科学学与科学技术管理，1992（9）：27-33．

［151］白景明．充分运用改革手段提升积极的财政政策效能［J/OL］．中国财政，2022（7）：20-23. DOI：10. 14115/j. cnki. zgcz. 2022. 07. 041．

［152］贾康．当前财政政策的发力方向［J］．财政监督，2020（9）：

37-43.

［153］曾金华，董碧娟．扶贫资金：花钱必问效　无效必问责［J］．农村·农业·农民（B版），2018（6）：10-11.

［154］陈学安，钟红菲．西方国家的财政支出绩效评价体系［J/OL］．中国财政，2004（5）：62-63. DOI：10. 14115/j. cnki. zgcz. 2004. 05. 027.

［155］王克强，刘红梅，陈玲娣．财政支出绩效评价研究综述［J/OL］．开发研究，2006（5）：113-117. DOI：10. 13483/j. cnki. kfyj. 2006. 05. 030.

［156］朱立言，张强．当代美国联邦政府绩效评估的方法和技术［J/OL］．国家行政学院学报，2005（6）：83-86. DOI：10. 14063/j. cnki. 1008-9314. 2005. 06. 025.

［157］姚凤民．财政支出绩效评价：国际比较与借鉴［J/OL］．财政研究，2006（8）：77-79. DOI：10. 19477/j. cnki. 11-1077/f. 2006. 08. 026.

［158］薛桂萍．西方国家财政支出绩效评价实践的启示［J/OL］．财会通讯，2011（35）：155-156. DOI：10. 16144/j. cnki. issn1002-8072. 2011. 35. 073.

［159］李灿强．中美电子政务绩效评价比较研究［J/OL］．电子政务，2017（3）：92-100. DOI：10. 16582/j. cnki. dzzw. 2017. 03. 010.

［160］郑方辉，段静．省级"政府绩效评价"模式及比较［J］．中国行政管理，2012（3）：34-38.

［161］梁新潮，施锦明．地方财政绩效管理理论与实践［M］．北京：经济科学出版社，2017.

［162］李祥云．我国地方财政实施预算绩效管理的效果、问题与政策建议——基于湖北省直预算单位和市县财政局的问卷调查［J］．华中师范大学学报（人文社会科学版），2020，59（5）：50-58.

［163］任保平．我国高质量发展的目标要求和重点［J］．红旗文稿，2018（24）：21-23.

［164］詹新宇，刘文彬．中国财政性教育支出的经济增长质量效应研

究——基于"五大发展理念"的视角［J］. 教育与经济，2019（1）：46-57.

［165］张占斌. 以高质量发展推进中国式现代化［J/OL］. 理论视野，2022（11）：50-57. DOI：10. 19632/j. cnki. 11-3953/a. 2022. 11. 007.

［166］李舟，陈翊旻，刘渝琳. "中国之治"视角下高质量发展的多维表现［J］. 改革，2022（2）：88-100.

［167］Fried H O，Lovell C，Schmidt S S. The Measurement of Productive Efficiency［M］. Oxford University Press，2008.

［168］Ho T K. From Performance Budgeting to Performance Budget Management：Theory and Practice ［J］. Public Administration Review，2018，78（5）：748-758.

［169］马蔡琛，白铂. 预算管理改革的成就、经验及未来展望［J］. 中国财政，2022（23）：38-41.

［170］刘尚希. 关于预算绩效管理的几点思考［J］. 地方财政研究，2019（2）：4-7.

［171］肖友华，高玉坤，刘婕，徐正坤. 政策绩效评价的要点刍议［J］. 财政监督，2019（24）：51-54.

［172］Lehan E A. Budget Appraisal——The Next Step in the Quest for Better Budgeting？［J］. Public Budgeting & Finance，2010，16（4）：3-20.

［173］陈抗，Arye L. Hillman，顾清扬. 财政集权与地方政府行为变化——从援助之手到攫取之手［J］. 经济学（季刊），2002（4）：111-130.

［174］徐建斌，李春根. 政府采购促进企业技术创新了吗——基于分行业的比较分析［J］. 当代财经，2020（9）：28-38.

［175］王文甫，王召卿，郭柃沂. 财政分权与经济结构失衡［J］. 经济研究，2020，55（5）：49-65.

［176］张杰，陈志远，杨连星，新夫. 中国创新补贴政策的绩效评估：理论与证据［J］. 经济研究，2015，50（10）：4-17+33.

［177］吴延兵. 中国式分权下的偏向性投资［J］. 经济研究，2017，52（6）：137-152.

［178］荆文君，孙宝文．数字经济促进经济高质量发展：一个理论分析框架［J］．经济学家，2019（2）：66-73.

［179］武宵旭，任保平，葛鹏飞．黄河流域技术创新与绿色发展的耦合协调关系［J］．中国人口·资源与环境，2022，32（8）：20-28.

［180］程清雅．高质量发展评价指标体系构建及应用［J］．统计与决策，2022，38（24）：28-32.

［181］安百杰，张宁．新时代财政支出绩效评价实践的优化研究［J/OL］．东岳论丛，2019，40（6）：106-114. DOI：10. 15981/j. cnki. dongyu eluncong. 2019. 06. 011.

［182］高培勇．转入高质量发展阶段的积极财政政策［J］．财经界，2018（31）：32-34.

［183］刘昆．完善推动高质量发展的财政制度体系［J］．中国财政，2018（24）：4-6.

［184］李茜，李艳丽．中国省级政府效率的区域测算与演变趋势——基于 DEA 及 DEA-Malmquist 指数分析［J/OL］．华东经济管理，2019，33（6）:69-77. DOI：10. 19629/j. cnki. 34-1014/f. 180828003.

［185］毛晖，余爽，张胜楠．财政支农支出绩效的区域差异：测算与分解［J/OL］．经济经纬，2018，35（3）：144-152. DOI：10. 15931/j. cnki. 1006-1096. 2018. 03. 009.

［186］张椰椰，曹正旭，董会忠．京津冀地区产业结构、城镇化与生态环境耦合关联与动态响应研究［J］．西南民族大学学报（人文社会科学版），2021，42（12）：121-128.

［187］谢非，袁露航，傅炜．长三角区域何以实现高质量市场一体化？——基于对外开放、产业结构升级、金融发展视角［J］．改革，2021（6）：112-124.

［188］苏荟，刘奥运．"双一流"建设背景下我国省际高校科研效率及影响因素研究——基于 DEA-Tobit 模型［J］．重庆大学学报（社会科学版），2020，26（1）：107-118.